IL Y AURA D'AUTRES JOLIS MOIS DE MAI

La liste des précédents livres de Jacques Attali
se trouve en page 193

Jacques Attali

Il y aura d'autres jolis mois de mai

Récit

Fayard

Couverture : Le Petit Atelier
Photographie de bande : François Mitterrand
et Jacques Attali en 1981
© Pascal Lebrun

ISBN : 978-2-213-72077-7
Dépôt légal : mai 2021

« La plus grande chose du monde,
c'est de savoir être à soi. »

Montaigne, *Essais*

« J'ai parfois le sentiment d'être
un personnage d'un roman,
écrit par un auteur inconnu,
dont je ne sais rien…
Quand va-t-il me tuer ?… »

Anonyme

Au 10 de la rue de Solférino à Paris se trouve un vaste hôtel particulier dont l'histoire est comme un concentré de celle de la France des deux derniers siècles : il fut construit à partir de 1772 et passa plus tard aux mains de la puissante famille de Broglie, et plus spécialement de celui qui en était alors le gardien jaloux des privilèges, Albert de Broglie, un monarchiste devenu un des dirigeants les plus conservateurs des débuts de la Troisième République. Les malheurs des temps ont conduit la famille à se séparer de cette belle demeure, qui devint, dans les années 1930, la « Maison des Fonctionnaires », dans l'orbite de la CGT. Réquisitionné pendant la Collaboration, cet ensemble abrita le ministère de l'Information de Philippe Henriot, lequel y fut assassiné par la Résistance le 28 juin 1944, après un discours d'une extrême violence, prononcé le 10 mai 1944 contre Pierre Dac, lequel lui répondit depuis Londres d'une célèbre diatribe prémonitoire, se concluant par « Mort pour Hitler, fusillé par les Français ».

Le 18 août 1944, quelques semaines à peine après les obsèques nationales de ce sombre personnage, organisées par Vichy et les Allemands, le bâtiment fut repris, les armes à la main, par des syndicalistes CGT de l'éducation, qui en firent le siège de leur organisation. Après bien d'autres tribulations, il fut loué en 1980 puis vendu en 1985 au Parti socialiste, enrichi par ses succès électoraux.

*

*   *

10 mai 1981, 18 heures, au premier étage de cet hôtel particulier, dans ce qui est depuis quelques mois le bureau du premier secrétaire du Parti socialiste (PS), nous sommes quelques-uns à être venus y vivre un autre moment important de l'histoire de France : les résultats de l'élection présidentielle. Il y a là, avec moi, entrant et sortant de la pièce, Édith Cresson, Yvette Roudy, Marie-Thérèse Eyquem, Véronique Neiertz, Lionel Jospin, Pierre Joxe, Pierre Bérégovoy, Louis Mermaz et quelques autres. Le candidat se trouve encore à Château-Chinon, dans sa chambre de l'hôtel du Vieux Morvan ; pas loin de lui, perdu dans la petite foule qui se presse autour de l'hôtel, Hubert Védrine ; d'autres de ses fidèles les plus proches sont dispersés à travers la France, qui attend, anxieuse.

Pourquoi nous ? Pourquoi à ce moment ? Pour quoi faire ? Sommes-nous prêts à gouverner ? Serons-nous à la hauteur des espérances des quinze millions d'électeurs qui ont voté pour lui ? Ces questions, il est trop tôt, ou trop tard, pour se les poser. Nous sommes embarqués dans ce qui va devenir un moment très particulier pour notre pays : la première gestion de la France par un gouvernement de la gauche depuis le bref épisode de 1936. Nous devinons que bien des écueils, bien des pièges et des chausse-trapes nous attendent ; et que nous allons devoir reprendre des rôles et des postes, tenus par d'autres depuis si longtemps.

Pour ma part, comme peut-être pour certains autour de moi, s'ajoute le sentiment d'être un imposteur : pourquoi moi ? Pourquoi ici ? De qui ai-je pris la place ? Je ne connais presque rien au fonctionnement de l'État. Je n'y ai jamais exercé la moindre fonction. Je ne connais pratiquement aucun haut fonctionnaire ni aucun dirigeant étranger. Est-ce vraiment cela que j'ai voulu de ma vie ? Fuir ce rôle… Il est encore temps. Ce sentiment, je l'écarte vite, pris dans l'euphorie de cet instant que j'espère depuis bientôt dix ans, et dont d'autres rêvent depuis bien plus longtemps. Et pourtant, il nous paraît encore improbable, parce que nous avions tous fini par ne plus vraiment y croire, après tant et tant de défaites.

Je découvrirai plus tard que toutes les victoires électorales, même à une élection présidentielle, n'ont pas le même goût. Et de fait, aucune victoire électorale suivante, même les présidentielles gagnées par la gauche en 1988 et en 2012, n'aura la même ampleur, la même importance historique. Faute de programme. Faute de temps. Et pour d'autres raisons, sur lesquelles je reviendrai.

Ce soir-là, certains d'entre nous avons le sentiment que ce 10 mai n'est que le bégaiement d'une autre histoire beaucoup plus intense, d'une campagne infiniment plus passionnante, vécue sept ans plus tôt, et qui s'était terminée par une défaite ; une campagne éclair, éblouissante, improvisée après la mort imprévue du président Georges Pompidou. Une campagne de fortune, sans moyens, sans soutiens, pendant laquelle nous étions alors tous, sauf le candidat, des débutants. Une défaite plus exaltante encore que cette victoire. Et qui laissera bien des traces dans l'action qui suivit.

Comme sept ans auparavant, j'ai passé l'après-midi de ce dimanche à essayer, en vain, de dormir ; puis je suis venu au siège de la campagne, juste avant que ne nous parviennent, par téléphone, les premiers sondages sortis des urnes, encore confidentiels. Il y a sept ans, ils annonçaient la défaite. Aujourd'hui, ils annoncent une victoire que beaucoup d'entre nous estimaient acquise depuis un mois. En fait, pour moi, acquise depuis un soir de mars, deux mois plus tôt, dont je reparlerai…

Chacun, dans cette pièce, pense à l'aventure qui commence ; à l'aventure qui nous attend. On sait que bien des gens espèrent en nous. On le devine en tout cas, car nous disposons de moyens très limités de savoir ce qui se passe vraiment à l'instant précis dans le pays : ni Internet, ni téléphone mobile, ni réseaux sociaux. Juste le téléphone fixe, le fax, quelques gros ordinateurs pour des prévisions électorales. Et des médias audiovisuels encore totalement sous le contrôle du pouvoir en place ; tétanisés dans l'attente de ce qui s'annonce.

Nous devinons, par les rumeurs de la rue, par ce que nous rapportent nos délégués en province et dans les DOM-TOM, que ce 10 mai 1981 est un moment de joie extrême pour des millions de gens partout en France, et ailleurs dans le monde.

Bizarrerie particulière : une amie, Dalida, m'appelle (sur un poste fixe, évidemment) de Dubaï ; je lui donne le résultat des sondages. Elle téléphone ensuite à des dizaines de personnes à Paris, qui apprennent ainsi depuis le Moyen-Orient des résultats qui ne deviendront publics qu'à 20 heures.

Et puis, très vite, chacun pensera aussi et surtout à lui-même, et au rôle qu'il tiendra peut-être dans les années à venir. Un seul homme le sait. Le plus secret. Celui que nous avons un peu aidé, depuis tant d'années, à en arriver là.

*

* *

En ce jour très sombre de février 2021, où tant de drames et de menaces s'accumulent sur le destin de tant de gens, sur mon pays, sur l'Europe, sur l'humanité, sur la vie même, je commence à écrire ce bref récit. Les idéaux d'autrefois ont explosé : en France en tout cas, l'espérance de la gauche s'est, au moins provisoirement, effondrée ; moins d'un quart des Français se reconnaissent en ses multiples fractions, qui n'ont pas su anticiper les nouveaux combats, au point que même le désir de protection semble mieux servi par la droite. Et c'est aujourd'hui, au crépuscule de ma vie, presque quarante ans après ce merveilleux jour de mai 1981, que l'envie me vient de me retourner vers ce moment heureux ; non par nostalgie, mais parce qu'il faut se souvenir de ce dont on a de bonnes raisons d'être fier ; et parce que le fil de cette histoire retrouvée nourrit la promesse et le chemin vers d'autres jours plus heureux encore.

Il ne s'agit pas ici d'un récit narcissique, ni de Mémoires hagiographiques, ni d'un règlement de comptes, mais de souvenirs qui se veulent utiles aux générations futures, en montrant qu'il est possible d'influer sur un pays et le monde par la politique. Et aussi qu'il est possible, avec beaucoup de travail, de choisir sa vie.

Pour beaucoup de gens en effet, le 10 mai 1981 évoque davantage qu'une simple alternance : un ensemble considérable de réformes institutionnelles, culturelles, sociales et économiques. Des réformes majeures, comme on n'en avait pas vu en France depuis 1945 ; des réformes dont le pays bénéficie encore chaque jour.

Pour d'autres, ce soir-là (et les années qui suivirent) fut un temps de chagrin, de crainte, de panique même. Certains d'entre eux quittèrent la France dès le lendemain. D'autres se rassurèrent en pensant que la gauche n'appliquerait jamais un programme aussi fou. Aujourd'hui encore, bien des Français maudissent ce jour, qu'ils considèrent comme le point de départ du déclin de la France.

Pour d'autres enfin, la gauche des années 1980 n'a pas vraiment appliqué son programme, parce qu'elle aurait été contrainte, deux ans plus tard, de reconnaître ses erreurs et d'en revenir à une orthodoxe austérité, de trahir ses électeurs en rejoignant le camp des libéraux et en appliquant une politique de droite.

De fait, le récit dominant s'est cristallisé ainsi : en mars 1983, lors d'un prétendu « tournant », la gauche aurait reconnu ses « erreurs et folies des premiers mois » et serait revenue à une politique libérale. Certains, parmi ceux qui partagent ce diagnostic, y voient la marque de la trahison de ceux qui gouvernaient alors ; d'autres, au contraire, la preuve de l'incapacité congénitale de la gauche à gouverner. Ce n'est pas mon avis ; et je voudrais faire revivre ici la naissance de cette espérance, montrer comment elle s'est construite, pourquoi elle fut lente à venir, dresser la liste des erreurs commises, dire en quoi je reste très fier de promesses tenues et d'innombrables réformes menées alors. Dresser enfin la liste des désillusions personnelles, des coups reçus et raconter la difficulté de maintenir un idéal quand le quotidien apporte la preuve de bien des mesquineries et de multiples formes d'imbécillité...

Quarante ans plus tard, mon intention n'est pas d'écrire mes souvenirs détaillés des faits, qu'on pourra retrouver en partie dans les trois tomes de *Verbatim* (ces notes prises quotidiennement pendant dix ans, à la demande de François Mitterrand) et dans le très long portrait de François Mitterrand (*C'était François Mitterrand*) publié après sa mort. Il s'agit ici d'une promenade dans des événements, à travers mon histoire personnelle. Pour éclairer le présent et l'avenir. Et aussi pour aider chacun à prendre conscience qu'on peut déterminer son propre destin et se choisir, devenir ce qu'on rêve d'être.

Il ne s'agira donc pas ici de Mémoires. Seulement d'un retour subjectif sur un moment clé de l'histoire de la France, ce pays que François Mitterrand nommait « un petit canton de l'univers ». Sur la montée vers le pouvoir d'une génération de dirigeants, au nom d'un « peuple de gauche », dont nous avions peu à peu appris à comprendre les espérances.

Une période aussi très particulière de ma vie, pendant laquelle j'ai côtoyé et conseillé tous les jours, de très près, François Mitterrand, d'abord chef de l'opposition, puis président de la République. Une période que je suis un des derniers à avoir vécue de si près.

J'écarterai délibérément de mon récit, autant qu'il est possible, tout ce que j'ai pu faire ou voir qui n'était pas directement lié à mes fonctions politiques ; ce qui est beaucoup : j'étais, au même moment, en tout cas pendant la période de l'opposition, magistrat au Conseil d'État, maître de conférences à l'École polytechnique, professeur à l'École des ponts et chaussées, directeur d'un laboratoire de recherche à Dauphine, écrivain, journaliste, consultant pour les Nations unies. Et bien d'autres choses…

Cumuler tout cela n'était pas si difficile : François Mitterrand n'était pas très envahissant, même une fois au pouvoir. Peut-être est-ce pour cela que je n'ai jamais accepté d'avoir, dans ma vie, aucun autre patron que lui…

*

* *

Mon intention est aussi, et peut-être surtout, de tracer un parallèle entre ce moment et la situation d'aujourd'hui, où le pays est en plein désarroi ; où, pour la gauche française, tout semble perdu pour longtemps ; où ses fractions s'opposent sur des sujets majeurs qui devraient pourtant les réunir, tels la laïcité ou le rapport à la nature ; où n'émerge, dans les multiples lieux de la politique, aucune capacité crédible, aucune volonté réelle de travailler ensemble à des projets significatifs.

Est-ce perdu à jamais ? Je ne le crois pas : je veux au contraire affirmer ici ma conviction que cela reviendra : il y aura encore en France de jolis mois de mai. Pas seulement des élections gagnées, mais de grands programmes, avec des moyens de les mettre en œuvre. Pas seulement pour la France, mais aussi pour l'Europe rassemblée.

Cela n'aura sûrement pas lieu dans les mêmes circonstances ; cela ne passera sans doute pas par la victoire d'un candidat socialiste, avec un programme de nationalisations et de rupture avec le capitalisme. D'abord, parce que ce socialisme-là est trop simpliste et a perdu sa raison d'être. Ensuite parce que les grands combats d'aujourd'hui (l'écologie, la justice sociale, les mœurs, la démocratie, la laïcité, la sécurité) ne peuvent se gagner par la seule maîtrise, plus ou moins illusoire et très provisoire, d'un appareil d'État et d'un appareil de production ; ils devront désormais s'inscrire, quoi qu'on en pense, dans une conception planétaire de ce qui est de l'intérêt des générations futures, dans la construction d'une véritable souveraineté européenne et dans le renforcement de ce qui fait le propre de la France (une langue et une culture, des paysages, un refus de tous les séparatismes, une conception très exigeante de la laïcité et de la justice).

Tous ces combats, même ceux qui sont apparemment les plus nouveaux, étaient déjà là, en 1981. Ils étaient même là dix ans plus tôt, quand toute cette aventure a commencé, avec la création du nouveau parti socialiste : il s'agissait déjà de construire une France harmonieuse dans une Europe puissante ; une France libérée de la domination des forces du marché et protégée d'une influence excessive de ses partenaires géopolitiques.

Ces combats sont toujours présents ; ils vont bien au-delà des affrontements confus, des ambitions personnelles et des oppositions superficielles de multiples politiciens, aux ego exacerbés par les plus sommaires des médias et par des réseaux sociaux de plus en plus addictifs.

Je ne reviens donc pas, quarante ans plus tard, à ce moment si particulier par nostalgie : j'ai toujours fui les commémorations et je n'ai jamais appartenu à ces innombrables associations ou groupements d'anciens, ni participé aux déjeuners ou dîners qui célèbrent tel ou tel anniversaire.

J'y reviens parce que je devine, chez beaucoup de ceux qui ont aujourd'hui l'âge que j'avais alors, c'est-à-dire la trentaine, une résignation ou une rage, l'une et l'autre peu constructives, face à une nature défigurée, un ascenseur social en panne, une pandémie dont on ne voit pas le bout et des iniquités de toutes natures. La résignation comme la rage conduisent à un mépris de la politique très éloigné des sentiments qui nous animaient, il y a quarante ans, au même âge. Un mépris tout aussi injustifié aujourd'hui au regard des batailles à mener.

Après tant de décennies, il me semble utile de chercher à comprendre ce qu'il y avait d'universel dans cette période très particulière de l'histoire du monde et de la France. Chercher à comprendre également comment chacun peut, s'il le veut, choisir son destin, aider les autres à libérer le leur et faire en sorte que l'enfant que nous étions soit fier de celui que nous sommes devenus...

*

* *

Quand l'idée me vient de commencer un livre, quel qu'il soit, mon esprit attire toujours des pensées utiles, des lectures profitables et des conversations judicieuses. À peine ai-je eu l'idée de celui-ci, que je suis tombé, sans le chercher vraiment, sur *Le Temps retrouvé*, seul tome d'*À la recherche du temps perdu* qu'à ma grande honte je n'avais pas encore lu. Je l'ai ouvert et je l'ai lu d'une traite, en même temps que je prenais les premières notes pour ce texte.

Pourquoi maintenant, sinon pour comprendre comment se cristallise le désir de retrouver des souvenirs ? Quels sont ceux qui laissent une trace ? Qu'est-ce qui peut les faire remonter à la surface ? Pas tous mes souvenirs. Juste ceux qui balisent le chemin de cette aventure politique. Pas ceux liés à l'histoire de ma famille, à ma vie privée, à mes aventures dans des institutions internationales, dans l'humanitaire, à mes activités d'enseignement, de recherche, d'écriture d'essais, de romans, de pièces de théâtre, de mise en scène d'opéra ou encore de chef d'orchestre (la plus profonde passion de ma vie). J'espère avoir un jour le temps de raconter tout cela, ne serait-ce que pour prouver que quiconque, sans aucun don particulier, peut, avec énormément de travail, affronter les défis les plus extrêmes.

Si j'ai tardé, si je tarde tellement, à raconter tout cela, c'est à la fois par pudeur (mais qui cela pourrait-il intéresser ?!) et parce que je devine que mettre le mot « fin » à l'écriture de tels « Mémoires » serait, d'une certaine façon, fixer la date de ma mort.

Illusion ? Pas vraiment.

J'entends encore Barbara, au printemps 1994, me reprocher de lui conseiller de rédiger les siens ; parce que, disait-elle, on n'écrit ses Mémoires qu'avant de mourir. Je l'entends encore hésiter à s'y mettre, puis accepter, commencer à les écrire, me les envoyer page à page, par fax, m'interroger au long des nuits sur ce que j'en pensais… Et puis mourir brutalement avant d'avoir fini…

Retour sur le passé

C'est en juillet 2007, en revenant à l'Élysée seize ans après mon départ – en mai 1991, pour présider, à Londres, contre mon gré (j'y reviendrai), une institution que je venais d'imaginer, la Banque européenne pour la reconstruction et le développement (BERD) –, que j'ai pour la première fois compté les marches du perron, gravies pourtant plus de six mille fois pendant les dix ans et un mois où mon bureau de conseiller spécial fut mitoyen de celui du président de la République. Ce jour-là, je ressentis le caractère exceptionnel de ma présence en ce lieu ; alors que, pendant si longtemps, ce fut pour moi comme une routine, un bureau comme un autre. Je n'y retrouvai évidemment presque aucun de ceux que j'y avais connus seize ans avant, sinon deux huissiers, quelques assistantes, une attachée de presse, plusieurs standardistes, des gardes républicains et quelques cuisiniers, imperturbables et magnifiques gardiens de la continuité républicaine.

Avec le même étonnement, je franchis le seuil face à l'improbable statue représentant une accumulation de drapeaux français, posée là par Valéry Giscard d'Estaing ; puis, comme je le faisais chaque matin, je montai l'escalier à gauche et passai l'entresol (où une porte dérobée conduit à des toilettes, si utiles pour ceux qui veulent faire croire, en repartant, que leur entretien avec le président a duré plus longtemps qu'en réalité). Je me retrouvai ensuite dans l'antichambre où patientaient tous ceux qui venaient alors voir le Président, le secrétaire général ou moi. J'attendis, comme eux. Puis je traversai ce qu'on appelle désormais le « salon vert », et qui avait été mon bureau pendant dix ans. Il était devenu une salle de réunion réservée au Président. Encore fallait-il que celui-ci organisât des réunions, ce qui n'était pas du tout le genre de François Mitterrand.

Chacun de nous, de retour sur les lieux de son enfance, d'un emploi ou d'un domicile précédent, a été confronté à cette sensation étrange, que Proust décrit si bien ; chacun de nous a éprouvé alors le choc du temps. J'avais aussi connu cela un peu avant, en revenant à Alger, vingt-six ans après en être parti, sans y plus rien reconnaître. J'aurais pourtant dû être préparé à ressentir ce sentiment étrange depuis que j'avais lu, dans *Choses vues*, le récit que donne Victor Hugo d'un dîner organisé en juillet 1848, dans ce qui devint mon bureau à l'Élysée, par le prince-président tentant de rallier à sa cause quelques personnalités littéraires et politiques.

En traversant ce qui fut mon bureau, puis en entrant dans ce qui fut celui de François Mitterrand, occupé alors par Nicolas Sarkozy, j'ai revu en un éclair toute notre histoire. Toute mon histoire. Tous les choix que j'avais faits. Tous les choix qui m'ont fait.

*

* *

Pourquoi choisit-on une vie plutôt qu'une autre ? Qui peut vraiment avoir le privilège de choisir son destin ? N'est-on, tout au long de son existence, que ballotté par les événements, des forces, des contraintes matérielles ? N'est-on que le produit de choix faits bien avant nous, d'un héritage familial et social ? Doit-on son sort à la chance ? Au malheur ? Au hasard ? À des dons particuliers ? À des vocations surgies de nulle part et qu'on réussit à vivre, contre toutes les forces contraires ? Quel rapport y a-t-il entre ce que nous sommes devenus et ce dont rêvait l'enfant que nous étions ?

Comment suis-je arrivé à être au premier rang le 10 mai 1981 ? Pourquoi ai-je été, pendant dix ans, au plus près du pouvoir le plus important de la France tout en réussissant toujours à échapper à l'obligation démocratique d'une élection ? Comment se sont rencontrés ces deux destins que tout aurait dû éloigner : un bourgeois de province, collaborateur à Vichy puis résistant, catholique devenu agnostique, homme politique depuis son plus jeune âge, provincial jusqu'au bout des ongles, français et rien que français, et le petit-fils d'un très pauvre fripier juif d'Algérie, dont l'arabe était la langue de conversation et l'hébreu la langue de prières ?

Chacun doit, à un moment ou à un autre de sa vie, sinon à tout moment, savoir par quelles forces il est entraîné, par quel fil il est manipulé, par quoi il est déterminé. Il n'y a pas de véritable liberté sans conscience de ce qui nous bouscule, ni sans évaluation des moyens dont on dispose pour y résister, pour orienter ses choix, pour décider qui on veut être et ne pas être.

Rares sont les moments où on est véritablement conscient et libre de choisir, où on a le privilège d'échapper à la détermination de son passé. Pourtant, même si tant de forces essaient de réduire chacun d'entre nous à une origine, une famille, un groupe social, une situation matérielle, une fonction, notre existence ne se réduit pas à notre essence ; chacun d'entre nous, quelle que soit sa vie, même apparemment la plus contrainte, a eu, à un moment ou à un autre, à faire des choix, plus ou moins difficiles. Des choix de raison, de folie, de volonté, d'idéal, de courage. Ou même, de résignation : ne pas choisir, c'est encore choisir.

Et c'est la grandeur de la littérature, des romans, des Mémoires, des récits historiques, que de nous faire pénétrer, pour notre édification, dans les choix des autres, à la recherche de leurs étincelles de liberté, pour mieux rechercher la nôtre.

Aussi, permettez-moi, cher lecteur, de commencer par parler de moi. De me parler de moi. De chercher ma liberté. Pour vous aider, peut-être, et vous inciter à en faire autant, sans concession, impitoyablement : pourquoi êtes-vous là, à lire ce livre ? Pourquoi êtes-vous là, à vivre cette vie ? L'avez-vous vraiment choisie ? Qu'avez-vous vraiment choisi de tout ce (et de tous ceux) qui vous entoure ? En quoi êtes-vous autre chose que le produit des conditions imposées par votre naissance ?

Ces questions, que Socrate, Sénèque, Montaigne, Pascal, Spinoza, et tant d'autres après eux, se sont posées, chacun à leur façon, depuis si longtemps, fixent les conditions radicales de l'exercice de la liberté. Et, après tout, n'était-ce pas pour élargir le champ des libertés des Français que nous nous trouvions tous là, rue de Solférino, en cette fin d'après-midi du 10 mai 1981 ?

Comme chacun, j'aimerais comprendre ce que mon passé a fait de moi. Et en quoi j'ai pu, ou voulu, lui échapper. Comment ce jeune Algérien, français, juif, fils de commerçants, sans aucune relation, a pu mener cette vie improbable, si différente de celle qu'il aurait dû pouvoir espérer. Comme chacun, j'aimerais connaître la vérité sur ma place dans le monde… savoir si j'aurais pu échapper davantage encore aux déterminismes qui pesaient sur moi, comme sur chacun de nous. Et si j'ai fait, jusqu'à présent, le meilleur usage de mon seul véritable patrimoine : le temps.

Tant de questions en découlent : pourquoi ne pas avoir choisi une autre des voies qui s'offraient aussi à moi ? Celle de la médecine par exemple, de la recherche, de la politique, de la finance, de l'industrie, de l'argent ? Pourquoi avoir toujours refusé de faire partie de la moindre organisation, structure, administration, du moindre parti ? Pourquoi être de gauche ? Pourquoi le rester tout au long de ma vie ? Quel rôle a joué dans tout cela la fidélité aux idéaux de mon père, cet homme d'exception, ce visionnaire, qui a permis à ses trois enfants de faire le saut nécessaire, alors que personne, à part lui, ne comprenait en 1954 l'urgence de quitter l'Algérie ? Est-ce cela qui m'a conduit à être obsédé par l'analyse de l'avenir ? Est-ce à lui que je pense encore sans cesse ? Ou à l'enfant que j'étais, et dont je me demande souvent ce qu'il penserait de la vie que je lui ai donnée ? Pourquoi ai-je, si jeune, au moment où tout se forme, appris à me méfier de moi-même, à ne jamais faire semblant de comprendre, ou de savoir ? Pourquoi ai-je voulu sans cesse me fixer des objectifs très ambitieux, sinon pour trouver la motivation nécessaire pour les atteindre ? Quel rôle a joué ma mère, si présente, si attentive, si doucement exigeante, dans cette construction ?

Quand ai-je découvert qu'il pouvait être utile d'être très légèrement en avance, par ses rêves, sur la réalisation de ses propres objectifs ? Pourquoi ai-je osé être (une fois, très légèrement et très furtivement) mythomane : une semaine avant que François Mitterrand ne me demande de venir le voir chez lui en octobre 1973, je n'avais pas démenti un ami journaliste qui me demandait s'il était exact que j'étais le conseiller économique du chef de l'opposition… ?

Pourquoi avoir choisi de suivre ce chemin si particulier – qui eût été une impasse si je n'avais pas été appelé, sans jamais le demander, à occuper pendant dix ans le seul poste au monde qui convenait à l'idéal que je m'étais choisi : un poste créé pour moi, hors hiérarchie, un poste d'observateur autant que d'acteur ? Sans remettre en cause ma liberté la plus profonde et me permettre d'écrire.

La réponse à tout cela tient peut-être dans cette phrase de Montaigne, dans l'avant-propos des *Essais* : « La plus grande chose du monde, c'est de savoir être à soi », qu'il répète autrement à la fin du même texte : « C'est une absolue perfection, et comme divine, de savoir jouir loyalement de son être. »

« Être à soi », « jouir loyalement de son être », ne pas dépendre des autres, et en particulier de son passé, choisir sa vie, devenir soi. Y ai-je réussi ? Ou suis-je, là encore, comme la plupart des humains, victime de rassurantes illusions ou de terribles colères ?

*

* *

Né à Alger, dans une famille à la nationalité française alors très incertaine – rétablie juste une semaine avant ma naissance, par un texte en réalité illégal –, destiné, par une discrète pression familiale, à devenir médecin (mon frère jumeau Bernard aurait dû devenir avocat), passionné de musique, de littérature et de mathématiques, il a fallu bien des hasards pour que, à côté d'une carrière d'enseignant et d'écrivain, j'aie eu le privilège de conseiller au plus près, pendant plus de dix-huit ans, le chef de l'opposition devenant président de la République française. Puis celui de rencontrer, de lancer la carrière ou de conseiller, informellement et sporadiquement, trois de ses quatre successeurs, tous rencontrés avant qu'ils ne commencent leur carrière politique. Sans compter d'autres acteurs de la vie publique nationale et internationale, dans la carrière desquels je me suis trouvé, et me trouve encore, par un jeu de hasards et de coïncidences, à jouer un rôle majeur, tels, en France, deux Premiers ministres et une candidate à l'élection présidentielle.

De tout cela, il n'y a aucune raison d'être spécialement fier ; cela n'apporte rien au monde et ne constitue pas en soi un acte utile. Ni même une raison de s'en prévaloir : tous ces gens auraient fait la même carrière sans m'avoir rencontré. Je n'ai pas non plus détenu, en conseillant un grand, un pouvoir particulier, ce dont bien des complotistes m'accusent depuis quarante ans. S'ils savaient ! Je n'ai jamais eu aucun pouvoir. D'aucune sorte. Et c'est heureux, car conforme à l'esprit républicain.

De plus, j'abandonnerais volontiers ces rôles de hasard contre un moment avec un être aimé, un roman réussi (je sais ceux dont j'aimerais qu'ils me survivent), une action sociale ou écologique vraiment utile. Si j'en parle ici, c'est pour fixer le contexte dans lequel se situe ce qui suit ; et qui m'a conduit à vivre très jeune, dès trente ans, une routine de l'exceptionnel, sans jamais m'étonner de participer à des événements historiques, sans jamais non plus en faire le cœur de ma vie.

Ai-je raison d'attacher plus d'importance à des parties de ma biographie et de mon travail que beaucoup d'autres négligent ? Ai-je raison d'espérer que mes livres auront plus d'influence à long terme que ces fonctions éphémères ? Ai-je raison d'espérer qu'un jour on se souviendra de ce que j'y prévois, et qu'on cessera de me prêter des idées exactement contraires à celles que je défends ? Ou devrais-je me résigner à n'avoir été, à la fin, que le conseiller de passage d'un président oublié, technocrate de l'ombre, écrivant des livres sans importance ?

Devenir soi

Eckhart Tolle écrit : « Notre perception du monde n'est que le reflet de notre état intérieur. » C'est aussi le cas de notre perception de l'avenir, et du passé : notre regard sur l'avenir dépend de notre sérénité du moment ; et notre perception du passé se modifie avec notre état au moment où on tente de le faire remonter à la surface de nos souvenirs. Aussi ce qui suit n'est-il que le récit de mon passé, tel que je le ressens en cet instant fugace qu'on appelle aujourd'hui.

À dix-sept ans, toutes les carrières, ou presque, m'étaient ouvertes. Issu, comme mon frère jumeau et notre plus jeune sœur, d'une famille juive très pauvre d'Algérie devenue, par le travail de mes parents, relativement aisée, sans relation d'aucune sorte, sans aucun parent diplômé de quoi que ce soit, plutôt bon élève, mais sans excès, j'adorais étudier les lettres, les langues, la philosophie, les mathématiques, l'histoire plus encore que tout. En tout cela, je ne me sentais aucun don particulier. Pas plus que pour le piano, dont je tentais de jouer. Ni pour le sport, qui visiblement n'était pas fait pour moi. C'est là qu'eut lieu mon premier vrai choix : refuser de tenter d'être médecin, pour ne pas, pensais-je, me condamner à faire le même métier toute ma vie. Avec la conscience claire que je voudrais sûrement avoir plusieurs vies. Premier choix : ne pas choisir.

Avec aussi, déjà, une idée claire d'une des versions de ce que je rêvais de devenir, exprimée à dix-sept ans à des amis dans la cour du lycée Janson-de-Sailly, à Paris : « le Raymond Aron de la gauche ». Pourquoi Raymond Aron, cet intellectuel alors célèbre dans le monde universitaire pour ses positions hostiles au socialisme ? Pourquoi de la gauche ?

Être à gauche était la tradition naturelle de ma famille, depuis le départ libérateur d'une Algérie si mal vécue.

Être intellectuel était une nécessité : de là où je venais, la possibilité de faire une grande carrière politique était peu vraisemblable ; aussi, devenir un simple universitaire, faire de la recherche, conserver le droit de changer d'avis, était le seul choix véritablement disponible ; et je le choisissais sans doute en me croyant libre, mais sans vouloir reconnaître que j'y étais, d'une certaine façon, contraint. Peut-être aussi parce que, déjà, en rêvant de devenir un intellectuel, un homme libre, je voulais aussi échapper à bien d'autres déterminants : à la France, pays de hasard, et à la politique, métier de passage, pour devenir aussi indépendant que possible.

D'où me venait cette obsession de rester libre ? Je ne le sais en commençant ce livre. Peut-être le saurai-je en le terminant. En tout cas, très tôt, j'ai ressenti, comme beaucoup d'autres, le plaisir de dire non, de refuser des choix imposés par d'autres. Premier moment de liberté.

Refuser les choix imposés par les autres ? Pas tout à fait. Et rien n'est plus conformiste, en fait, que mes études : la pression professorale me conduisit en effet d'abord vers les mathématiques et les sciences ; j'aimais assez ces matières pour y travailler sans déplaisir. Sans don particulier. Et je savais que commencer par cela ne me condamnait pas, à l'avenir, à exercer un unique métier ; à condition d'y exceller. Chemin risqué : il fallait y être le meilleur, absolument. Sinon, je risquais de finir avec le diplôme d'une petite école d'ingénieurs, ce qui m'aurait sans doute obligé à l'être toute ma vie.

Certains se fixent un objectif positif. Pour ma part, j'ai commencé par me fixer un objectif négatif : voilà ce que je ne voulais absolument pas devenir. Je l'avais même défini avec une grande précision : je ne voulais pas ne réussir que le concours de l'école d'ingénieurs de Toulouse. Pourquoi celle-là ? Je ne sais. En tout cas, ces années-là, qui précédèrent et suivirent immédiatement le bac, rien ne me poussa davantage à étudier que l'image mentale de ce que je risquais de devenir en intégrant une telle école. En même temps, mes ambitions plus positives, déjà exprimées (écrire, influer sur le monde), se faisaient plus discrètes : d'abord, éviter le pire.

À partir de ce moment, en terminale, se mit peu à peu au point une méthode, qui allait m'accompagner toute ma vie : ne jamais compter sur un don naturel ; travailler sans relâche, faire le plus possible d'exercices, de répétitions, créer le plus possible d'automatismes, dans toutes les matières, celles pour lesquelles j'étais le plus doué comme celles pour lesquelles j'étais le moins préparé.

Cette méthode suppose un seul don, une seule force : la motivation, la niaque, la volonté.

Cette méthode, je l'ai employée dans toutes mes activités, jusqu'à, très récemment encore, la direction d'orchestre : là aussi, aucun don particulier, juste beaucoup, beaucoup de travail.

Cette méthode me permit d'abord d'échapper à cette école d'ingénieurs de Toulouse, dont je n'aurai jamais rien su. Et d'être reçu au concours d'entrée à l'École polytechnique. Sans gloire particulière. J'aurais pu alors, comme beaucoup de mes camarades, m'arrêter d'étudier, pour m'intéresser aux filles, à la musique, à la littérature. Mais non, j'ai encore accéléré mon bachotage, avec la même méthode que pendant les classes préparatoires : ne pas laisser un seul point d'aucun cours sans le comprendre vraiment, faire tous les exercices disponibles dans les annales des examens des années précédentes ; ce n'était pas sans plaisir, c'était même parfois avec émerveillement quand, par exemple, un de nos professeurs de mathématiques, le fascinant Laurent Schwarz, nous exposait la théorie des distributions, dont il était au même moment un des principaux découvreurs.

Plus j'employais cette méthode, plus elle me réussissait : à ma grande surprise, elle me conduisit loin devant mes condisciples de cette école ; en particulier devant ceux que je savais très doués et qui avaient fait la gloire des grands lycées, dont je ne venais pas. Cette méthode me conduisit même à franchir une étrange frontière : un après-midi d'examen, alors que je travaillais particulièrement intensément sur une théorie très difficile, j'entrai dans une sorte de transe pendant laquelle je réussis à trouver des solutions que mes camarades ne purent approcher. Ces transes se sont renouvelées ensuite de plus en plus souvent et se renouvellent encore, quand ma concentration devient extrême, et qu'un voile se déchire devant moi. Je sais même comment les provoquer…

Puis vinrent d'autres études ; d'abord à l'École des mines, et simultanément à Sciences Po (dont j'avais découvert l'existence grâce à mon frère et dont personne dans notre famille n'avait entendu parler). Quand le directeur de l'École des mines m'expliqua que toute ma vie serait faite de projets à conduire, d'équipes à diriger, d'ordres à appliquer, j'ai compris qu'il me fallait fuir. Puis vint l'ENA, où je ne comprenais pas les critères de la notation, sinon comme de redoutables mécanismes d'une implacable reproduction sociale. Et j'ai fait au mieux. Obsédé, là aussi, par l'idée de ne pas finir fonctionnaire dans un ministère, quel qu'il soit, et d'être libre.

Au même moment, je décidai d'enseigner une des rares matières qu'on ne m'avait enseignée dans aucune des quatre grandes écoles que je fréquentais : l'économie. À Polytechnique, j'avais appris les statistiques. À l'École des mines, l'économie mathématique de Maurice Allais. À Sciences Po, j'avais suivi les cours d'économie politique de Raymond Barre, et de quelques autres compilateurs ; Raymond Barre, qui accepta de diriger mon mémoire de Sciences Po (sur les modèles mathématiques de croissance, dont un incident me montra qu'il était incapable de les comprendre). Jamais, pendant mes études, je n'ai entendu les noms des grands classiques, ni Smith, ni Ricardo, ni Marx. C'est à ce moment que j'ai découvert, par hasard, en autodidacte, les cours des grands pédagogues américains, comme Paul Samuelson, et les textes des grands théoriciens d'alors, comme Gérard Debreu et John K. Arrow, rencontré pour la première fois à cette époque-là à Harvard, qui allait devenir mon maître et mon ami. Et tous ceux qui allaient me donner l'idée d'étudier et d'écrire sur des thèmes alors totalement négligés : la théorie de l'information, l'économie de la musique, l'économie de la santé, la théorie de l'ordre par le bruit et tout ce qui a fondé le paradigme de mes réflexions théoriques.

En même temps, j'éliminai peu à peu de ma vie toute une série d'activités que je trouvais futiles, après y avoir consacré énormément de temps, tels les échecs et le bridge. Pourquoi y consacrer tant de temps et d'efforts intellectuels ?

Pendant ces années d'études supérieures, qui vont de 1961 (maths sup) à 1970 (sortie de l'ENA), j'ai conservé une vision très stable et très claire de ce que je voulais faire de ma vie : entrer au Conseil d'État (dont j'ai découvert l'existence très tôt, encore grâce à mon frère), refuser tout autre poste, y compris à l'Inspection des finances, alors très recherchée par les premiers de l'ENA, enseigner, écrire des articles et des livres, travailler dans le monde entier et conseiller la gauche. Rien, au cours de toutes ces années, ne m'éloigna de ces rêves ; j'étais pourtant loin de pouvoir les réaliser : je n'avais alors absolument aucun contact avec personne dans la presse ni dans la classe politique. Encore moins dans les institutions internationales. Venus d'Algérie, nous ne connaissions littéralement personne à Paris. Et moins encore dans les milieux qu'il fallait alors fréquenter pour se frayer un chemin vers l'une ou l'autre des élites dominantes.

Pendant ce temps, la France s'enfonçait dans un gaullisme de plus en plus pesant, sans plus le prétexte de la guerre d'Algérie, ni même, bientôt, celui du général de Gaulle, dont la droite se débarrassa sans hésitation, en 1969. Une France où les enfants et les femmes étaient des objets et non des sujets de droit. Une France encore rongée par les clivages de la guerre et par ceux de la décolonisation. Une France beaucoup plus rurale et industrielle que celle d'aujourd'hui, où les biens d'équipement ménager commençaient à peine à entrer dans les foyers populaires. Une France où la pauvreté était extrême chez la plupart des personnes âgées. Et où l'inflation rognait les rares épargnes disponibles. Une France où les syndicats, et d'abord la CGT et FO, le parti gaulliste et le parti communiste étaient tout-puissants. Une France épuisée par le gouvernement des mêmes, la droite se partageant tous les pouvoirs depuis tant d'années. Une France où aucune alternance n'était possible tant que le parti communiste dominerait la gauche, ce que les gaullistes faisaient tout pour maintenir.

Puis j'ai cherché à forcer le destin ; et j'ai constaté que ce ne fut pas si difficile : à l'époque, la gauche non communiste se déployait surtout dans quelques clubs ; j'allais parfois assister, observateur émerveillé et lointain, aux joutes oratoires entre le fabuleux Simon Nora et le subtil François Furet au Club Jean-Moulin, jusqu'à sa dissolution en 1970. J'y ai croisé Georges Suffert, Pierre Uri, qui deviendra un grand ami, François Bloch-Lainé (alors directeur général de la Caisse des dépôts), Étienne Hirsch (président d'Euratom), Paul Delouvrier (notamment chargé de la restructuration de la région parisienne), Claude Gruson, Jean Saint-Geours, Bernard Cazes, Jacques Delors, Claude Alphandéry et Michel Crozier.

Par une amie commune, j'ai alors rencontré Pierre Mendès France, qui m'expliqua que la politique était le métier le plus ennuyeux du monde, parce qu'il consistait à répéter cent fois les mêmes choses. Puis j'ai demandé un rendez-vous à Michel Rocard, dans son petit bureau du PSU ; son discours abscons m'a moins séduit que sa vivacité, son empathie, sa gentillesse et son désir de rassembler la gauche, sur des bases modernes. Et puis eut lieu une première rencontre de hasard, et restée sans suite, avec François Mitterrand, en 1966, dont je reparlerai. Puis une autre, aussi de hasard, en 1967, alors que je préparais l'ENA, avec un jeune haut fonctionnaire, Jean-Pierre Chevènement, devenu militant politique quasiment à plein temps, tentant de faire exploser la SFIO de l'intérieur, pour y construire un nouveau parti, à partir d'un groupe de technocrates : avec Didier Motchane et Alain Gomez, il animait le CERES, un groupe auquel je me joignis avec joie. Cela me valut, en 1969, alors que je terminais mes études à l'ENA, ma première visite au siège historique de ce qui était encore la SFIO (au 12 cité Malesherbes, aujourd'hui siège de la Fondation Jean-Jaurès), pour y assister à une réunion présidée par son secrétaire général d'alors, en poste depuis 1946, Guy Mollet, qui nous expliqua que nous, diplômés prétentieux, valions beaucoup moins que les militants, qui, eux, « savaient faire marcher une ronéo ».

Pendant ce temps, rien dans mes études, dans ma vie privée, dans mes rencontres, ne m'éloignait de mes premières convictions. Même mes études les plus conformistes ne faisaient que me renforcer dans mon refus de ces gouvernants prétentieux et autistes qui condamnaient à mort, se laissaient corrompre et négligeaient les plus pauvres. Même Mai 68 me rapprocha de la gauche de raison, qui aurait aimé alors prendre le pouvoir pour réaliser les magnifiques utopies de ce mois merveilleux.

Je commençai à écrire dans des journaux. Et ils se sont très vite ouverts à moi : dès ces années-là, j'ai pu écrire dans les pages économiques du *Figaro*, et même, consécration suprême, en première page du *Monde*...

Je commençai aussi à enseigner à l'École polytechnique l'économie mathématique, que j'avais apprise en autodidacte, en comprenant chaque jour davantage combien elle était loin des enjeux du temps. Que de choses ai-je apprises en enseignant ! Que de choses ai-je découvertes en passant du temps avec mes jeunes collègues, dont certains étaient des génies, tel Michel Aglietta, à qui je dois beaucoup (en particulier l'intuition de l'artificialisation progressive de tous les rapports sociaux, qui est au cœur de bien de mes livres) ; ou de grands originaux, tel Marc Guillaume, qui m'aida à échapper à la fascination de l'économie mathématique, pour m'intéresser à Marx, à la consommation et à l'écologie, dès le début des années 1970.

Et puis vinrent aussi, très tôt, une fois entré au Conseil d'État, en 1970, les longs voyages d'études : en Chine, en Iran, en Afghanistan, aux États-Unis. J'y ai tant appris ! En Chine, en plein milieu de la révolution culturelle, je fus un des tout premiers étrangers admis à passer du temps dans de nombreux lieux secrets du pays. En Iran, au temps du shah, où j'ai pu me rendre à sept reprises pour comprendre qu'une révolution menaçait, sans prévoir qu'elle serait religieuse. En Afghanistan, tout aussi souvent, pour être ébloui par une civilisation bimillénaire, et choqué par un féodalisme qui ne pouvait durer. Aux États-Unis enfin, pour admirer le luxe des universités, l'incroyable disponibilité des plus grands professeurs et la créativité des grands laboratoires de recherche.

Pendant ce temps, la gauche se reconstruisait

Pendant ce temps, sans que j'y sois mêlé en rien, la gauche se mettait en ordre de bataille, pour devenir une force de propositions politique crédible.

Après sa déroute aux élections législatives de juin 1968 et à la présidentielle de juin 1969, il devenait clair pour la gauche qu'elle devait vraiment se rassembler. En reprenant le projet esquissé par François Mitterrand dès l'élection présidentielle de 1965 : une union de toutes les gauches.

Ce sont d'abord les forces de la gauche non communiste qui réussirent à s'unir. Puis, dans un choix incroyablement audacieux, ce sont elles qui décidèrent de proposer une alliance programmatique au parti communiste, parti alors dominant dans d'innombrables communes, dans le monde syndical et dans le monde culturel ; un parti alors totalement inféodé à Moscou et qui continuait, comme depuis

1930, de soutenir les pires décisions du Kremlin, dont celles qui conduisirent à mater les révoltes en Pologne, en Hongrie, et en Tchécoslovaquie. La gauche non communiste faisait le pari, que beaucoup trouvaient alors totalement illusoire, qu'il était possible de peser sur la ligne du parti communiste, et même, un jour, de le dominer électoralement.

Commença alors une marche que beaucoup pensaient devoir être très longue, et qui ne le fut pas :

Le 4 mai 1969, première étape : par le congrès d'Alfortville, la SFIO devint le « Nouveau Parti socialiste » (NPS). Guy Mollet, secrétaire général depuis 1946, laissa la place à Alain Savary, compagnon de la Libération ; sous l'impulsion de Jean-Pierre Chevènement, le parti prit le poing et la rose comme emblème.

Deux ans plus tard, en juin 1971, un autre congrès, à Épinay, fusionna ce NPS avec la Convention des institutions républicaines de François Mitterrand et quelques autres groupuscules, autour du mot d'ordre de « rupture avec l'ordre établi ». François Mitterrand (allié à Mauroy, Defferre, Mermaz et Chevènement) en fut élu de justesse le « premier secrétaire » (par 43 900 voix contre 41 700 à Alain Savary, allié à Jean Poperen). L'objectif fut alors officiellement d'établir un programme commun avec le parti communiste en vue de prendre le pouvoir par les élections, sur la base de la « rupture avec le capitalisme ».

Pour beaucoup, l'objectif paraissait totalement irréaliste : au total, les socialistes ne pesaient toujours pas plus de 15 % des voix, quand les communistes pesaient encore plus du double. Cette année-là, 1971, le Parti communiste français (PCF) installa d'ailleurs triomphalement son quartier général dans un imposant bâtiment, construit par le grand architecte brésilien Oscar Niemeyer, place du Colonel-Fabien à Paris. Preuve de son opulence.

Dans ces conditions, l'alliance ne pouvait être qu'un marchepied pour l'arrivée au pouvoir du parti communiste et de la CGT. Et bien des intellectuels, dont beaucoup avaient été communistes avant de passer à droite, se déchaînèrent contre le Parti socialiste, sa stratégie et son chef.

Tout de suite, pourtant, ce nouveau patron de la gauche non communiste, François Mitterrand, explicita son objectif : faire du Parti socialiste le premier parti de la gauche. En septembre 1971, seulement trois mois après le congrès d'Épinay, dans une conférence à Salzbourg en Autriche, il expliqua que la victoire de la gauche en France ne serait possible que si le Parti socialiste s'alliait au parti communiste et parvenait à se placer « en tête des luttes sociales de façon moderne ». Puis il entreprit la négociation d'un programme commun avec les communistes. Du côté socialiste, les principaux négociateurs étaient les experts du CERES pour la partie économique, Pierre Bérégovoy pour la partie sociale et Robert Pontillon pour la partie diplomatique. Du côté communiste, on trouvait encore l'économiste en chef du PCF, Paul Boccara, un remarquable historien reconverti dans l'économie, et, déjà, le jeune Philippe Herzog, brillant polytechnicien et agrégé d'économie. Pour la partie diplomatique, un des hommes de Moscou, Jean Kanapa.

Un an plus tard, le 27 juin 1972, le Programme commun de gouvernement fut signé. Il proposait l'abolition de la peine de mort, l'habeas corpus, l'arrêt des essais nucléaires, la poursuite de la construction européenne, la libéralisation des radios et télévisions, le désarmement nucléaire, la dissolution simultanée de l'OTAN et du pacte de Varsovie, la rupture avec l'Afrique du Sud et l'Espagne franquiste et l'autodétermination des DOM-TOM, la gratuité des soins pour tous, la garantie des droits syndicaux, la majorité à dix-huit ans, la réduction à six mois du service militaire, l'abrogation de la répression de l'avortement, la nationalisation de l'essentiel de l'appareil industriel et des banques, la création d'une banque nationale d'investissement, la réduction de la durée du travail à trente-neuf heures, l'âge de la retraite ramené à soixante ans et le salaire minimum porté à 1 000 francs.

Le financement de ce programme extraordinairement ambitieux semblait le cadet des soucis des négociateurs. Pour eux, l'important, c'est qu'il existait.

Juste après avoir signé ce programme, François Mitterrand s'envola pour sa première réunion de l'Internationale socialiste, à Vienne, où il retrouva l'Autrichien Bruno Kreisky, l'Allemand Willy Brandt, le Suédois Olof Palme et l'Israélienne Golda Meir, tous au pouvoir. Et là, il fut plus explicite encore qu'il ne l'avait été quelques mois plus tôt : « Notre objectif fondamental, c'est de refaire un grand PS sur le terrain occupé par le PC lui-même, afin de faire la démonstration que, sur les cinq millions d'électeurs communistes, trois peuvent voter socialiste. » Il ajouta même que les socialistes étaient mieux placés que les communistes pour prendre en compte « les demandes des masses » et que ce nouveau « Programme commun » reprenait pour l'essentiel les positions des socialistes, en particulier en affirmant « la nécessité de la poursuite de la construction européenne et l'approfondissement et l'élargissement des libertés publiques » ; phrases bienvenues dans une réunion de dirigeants profondément hostiles à cette alliance avec les communistes.

À ce moment, je ne connaissais encore aucun des grands dirigeants de la gauche, sauf, pour l'avoir un peu croisé, Jean-Pierre Chevènement (et par deux fois, sans suite, j'y reviendrai, François Mitterrand).

Je n'étais pas membre d'un parti, ni associé en rien à l'écriture de ces textes.

Moins de deux ans plus tard, à trente ans, je serais en situation de réécrire largement ce programme, pour en faire la plateforme d'une campagne présidentielle dont j'aurais la direction.

Tout commence pour moi en 1973

Lecteur, faites, vous aussi, s'il vous plaît, l'effort de revenir à une date équivalente au tiers, ou à la moitié, de votre âge actuel. Choisissez une année précise : vous y êtes ? Cherchez alors dans vos souvenirs ce qui vous reste de cette année-là ; ce qui, au plus profond de vous-même, vous y a marqué : des faits ? Des sensations ? Des anecdotes ? Des livres ? Des films ? Des voyages ? Des chansons ? Des jubilations ? Des réussites ? Des amours ? Des chagrins, des peines ? Des échecs, des ruptures, des regrets ; un bonheur que vous n'auriez pas su garder ; une situation heureuse que vous n'auriez pas su protéger ; une rencontre dont vous n'auriez pas su tirer le meilleur ; une méchanceté gratuite que vous regretteriez encore ; une colère vaine… ?

Pour ma part, 1973, ma trentième année, c'est d'abord le souvenir de rencontres amoureuses, amicales, intellectuelles. C'est aussi, et peut-être surtout, l'année où j'ai croisé, sans lui adresser la parole, dans une rue de Téhéran, un enfant mendiant, tout en faisant ses devoirs, assis à l'entrée de mon hôtel (qui portait le nom aujourd'hui improbable de « Hôtel Roosevelt »). Je n'ai jamais oublié cet enfant ; il est resté comme le guide de mon action.

Plus généralement, 1973, c'est l'année de la guerre de Kippour, du premier choc pétrolier, de l'accord de Paris sur le Vietnam, du renversement du roi en Afghanistan (j'étais à Kaboul juste avant), de la promotion de la « Bande des quatre » à Pékin (j'y étais aussi juste avant) et de l'apparition de Deng Xiaoping ; de la souffrance des refuzniks en Union soviétique et des combattants de la liberté en Espagne ; et de nombreux coups d'État en Amérique latine, dont celui, le 11 septembre, au Chili, qui amena en France des réfugiés nombreux dont plusieurs devinrent des amis très chers.

C'est aussi l'année de la mort de Picasso, de Melville, de Dorgelès, de John Ford, de Tolkien, de Neruda, de Casals et de Ben Gourion.

Politiquement, nous étions alors tous obsédés par l'imminence d'une guerre nucléaire. D'une façon difficilement imaginable aujourd'hui : dix ans auparavant déjà, il y avait eu la crise de Cuba et nous en avions connu immédiatement la gravité : un après-midi d'octobre 1962, je me souviens d'être parti pour le lycée (j'étais en classe préparatoire) et d'avoir pensé qu'une guerre nucléaire se déclencherait peut-être pendant le cours de physique. On sait aujourd'hui qu'on n'est pas passé loin ce jour-là de la guerre totale. Depuis cette année-là, nous vivions tous avec l'idée qu'une autre crise du même genre pouvait se produire et qu'elle pourrait être fatale. De fait, les armes nucléaires s'accumulaient, aux États-Unis, en Union soviétique, en Chine, en Grande-Bretagne et en France, entre les mains de généraux, d'amiraux, de colonels ; des armes de plus en plus précises, de plus en plus miniaturisées ; de plus en plus déployées et disséminées. Juste après est sorti le film *Docteur Folamour*, de Stanley Kubrick, qui rendait bien cette atmosphère.

Aux États-Unis s'installait une crise économique majeure, précédée d'une dévaluation du dollar ; commençait le scandale du Watergate. En Europe, c'est l'année de l'entrée de la Grande-Bretagne, de l'Irlande et du Danemark dans la Communauté économique européenne et de la création du Système monétaire européen.

En France, Georges Pompidou était à l'Élysée depuis quatre ans en se faisant le chantre de l'industrialisation, de l'automobile et de la modernité, dont il prit sa part en lançant de grands travaux culturels, sans rien faire pour libéraliser le pays, ni politiquement ni socialement. La peine de mort était en vigueur et appliquée. Très peu de femmes avaient accès à de quelconques responsabilités. L'avortement était encore illégal, comme l'homosexualité. L'inflation gangrenait l'épargne des plus pauvres. L'industrie commençait à aller extrêmement mal, malgré l'arrogance d'un patronat réactionnaire assis sur des rentes, vivant surtout de commandes publiques et financé par des impôts qu'il dénonçait. Les principales firmes privées de l'époque, apparemment florissantes, étaient en réalité moribondes, faute d'actionnaires privés capables de les financer. On commençait à se préoccuper de la vie des gens dans les quartiers et à craindre la violence qui pourrait y naître. Seulement 11 % d'une classe d'âge obtenait le baccalauréat (contre 70 % aujourd'hui) ; pour ceux d'entre eux qui avaient la chance de faire des études supérieures, le chômage était totalement étranger. Tous les médias audiovisuels étaient aux ordres du pouvoir ; tous les patrons de radio et de télévision, tous les éditorialistes, tous les présentateurs servaient, avec plus ou moins d'habileté, la cause du parti gaulliste et de l'argent ; aucun journaliste de radio ou de télévision ne se risquait à un écart ; l'épisode de Mai 1968, avec ses quelques jours de liberté vite réprimée, avait servi de leçon. Dans la presse écrite existait un peu plus de liberté, pour quelques journaux.

Notre conscience politique était marquée au fer rouge, d'une façon ou d'une autre, par les séquelles de la guerre d'Algérie (qu'avaient fait ceux qui y avaient participé ?) et par Mai 68 et ses espoirs, si vite déçus. Certains d'entre nous étaient partis vers l'extrême gauche ; parmi eux, quelques-uns – très rares, en tout cas en France – vers la violence. Beaucoup restaient au parti communiste ; très peu de jeunes, en tout cas, autour de moi, y adhéraient. D'autres espéraient en ce Parti socialiste qui venait de renaître, en regroupant des forces disparates, sous la direction d'un homme politique très décrié, qui avait seulement réussi, quelques années plus tôt, à mettre en ballottage, à la première élection présidentielle au suffrage universel, le général de Gaulle. Quelques-uns, dont j'étais, s'étaient intéressés aux premiers travaux du Club de Rome et au premier sommet de la Terre en 1972. La plupart des jeunes ne se mêlaient pas de politique, occupés par l'amour, les études, le sport et la musique.

Nous écoutions les Beatles, les Rolling Stones, Bob Marley, Lou Reed, David Bowie, Elton John, Stevie Wonder, Marvin Gaye, Led Zeppelin, Elvis Presley, Paul Simon, Ray Charles, Georges Brassens, Jacques Brel, Barbara, Maxime Le Forestier et tant d'autres. Nous lisions Castaneda, Foucault, Althusser, Braudel, Deleuze, Baudrillard, Debord, Sartre, Marx, Adorno, Marcuse. Nous découvrions Milos Forman, Zeffirelli et Visconti. Nous adorions *L'Arnaque*, *American Graffiti*, *Jonathan Livingston*, *Soleil vert* et *Rabbi Jacob*.

Nous n'avions pas d'Internet, mais les premiers fax ; en voyage, nous n'étions pas joignables.

Et c'était bien : c'est cette année-là que j'ai pris l'habitude d'appeler ma mère tous les soirs à 18 heures, heure de Paris, quel que soit le fuseau horaire où je me trouvais. Je l'ai fait pendant plus de vingt ans. Tous les jours.

*

* *

Et puis, il y eut ma rencontre, ou plutôt mes rencontres, avec François Mitterrand.

Que dire de lui ici ? Il n'était pas mon père (j'adorais le mien, et son absence m'est encore aujourd'hui insupportable) ; il était comme un oncle de vingt-sept ans plus âgé que moi, avec qui il ne s'est presque pas passé un seul jour, pendant vingt années, sans que nous échangions. Au point qu'il est, encore aujourd'hui, parfois, présent dans des rêves étranges dont je reparlerai un peu plus loin. Nous nous voyions très rarement après 20 heures, sauf à l'étranger, où nous dînions presque toujours ensemble, ou partions pour une promenade nocturne après un dîner d'État interminable. Je ne le voyais presque jamais le dimanche, sauf en voyage ou pendant les très grandes crises. Et il n'était pas envahissant : peu d'appels de nuit ; pas de message insistant. Un grand respect des autres. Il s'intéressait beaucoup à ce que je pouvais faire par ailleurs, à ma famille ; il lisait mes manuscrits, surtout mes romans, et m'encourageait à écrire.

Pas nécessaire de le décrire physiquement ici ; tout le monde le connaît. Seulement préciser que, malgré son physique moyen, il était très impressionnant. Il dégageait une telle puissance magnétique que nul n'approchait de sa bulle, qui était grande. Qui sait pourquoi quelqu'un a une aura ou n'en a pas ? Et il en avait une. C'est un des rares points communs que je lui trouve avec mon père : tous les deux étaient très impressionnants.

Sa culture était très singulière : en littérature, surtout le XVIIIe, le XIXe et le XXe siècle français. Il adorait particulièrement le cardinal de Retz, Saint-Simon, Lamartine, Chateaubriand, Renan, Chardonne et Tournier ; il détestait André Malraux et Julien Gracq. Très peu de culture étrangère, même s'il se piquait de littérature américaine et connaissait assez bien les œuvres d'Arthur Miller, de William Styron et de quelques autres écrivains, dont Vladimir Nabokov, pour qui il nourrissait une immense admiration. Une culture biblique considérable aussi, nourrie dès son enfance par sa mère. (Combien de fois avons-nous parlé de théologie devant des ministres impatients de pouvoir l'intéresser à leurs dossiers ?) Aucune culture musicale : je lui ai dit un jour en souriant que la seule chose qu'il aimait dans la musique, c'étaient les chanteuses.

Quand on était avec lui, on sentait qu'il était à la fois intensément dans l'instant et sans cesse préoccupé du souvenir qu'il laisserait à son interlocuteur dans trente ans. C'était un de ses principaux critères de décision, en tout. J'en ai vécu mille occurrences. Ainsi, un jour de juillet 1981, à peine arrivé à l'Élysée, me demanda-t-il, lors d'une de nos premières promenades dans les rues de Paris, de lui parler de deux très jeunes collaborateurs que je venais de recruter et que je trouvais très prometteurs. Il m'écouta et redoubla de questions ; je lui demandai pourquoi cette insistance, puisqu'il ne rencontrait jamais ceux qui travaillaient pour lui, en dehors des plus anciens fidèles. Sa réponse : « Parce que j'aime savoir qui sont ceux qui parleront de moi dans trente ans. » Ces deux jeunes gens se nommaient Ségolène Royal et François Hollande…

Lui, et moi : trois rencontres

Même si je n'ai commencé à travailler avec lui qu'en 1974, j'ai rencontré François Mitterrand pour la première fois en février 1966, dans un restaurant chinois, *La Table du Mandarin*. Il avait cinquante ans et moi vingt-trois. Il venait d'être battu par le général de Gaulle au deuxième tour de l'élection présidentielle. Il commençait à construire la Convention des institutions républicaines, afin de rassembler les gens de gauche qui refusaient à la fois le PCF de Jacques Duclos et la SFIO de Guy Mollet. Nous y dînions à des tables voisines. Je l'ai abordé pour lui proposer de travailler pour lui. À quoi ? Aucune idée. Il m'a donné rendez-vous chez lui ; il habitait alors un appartement très lumineux de la rue Guynemer. Je suis venu avec mon frère. Il a étalé une carte de France sur un piano et nous a expliqué qu'il cherchait des jeunes gens dans notre genre pour s'implanter électoralement dans toute la

France et il nous a proposé de choisir une circonscription électorale. Ce que nous avons refusé. Il en a été surpris. Et nous en sommes restés là : « Non, je n'ai pas besoin de conseiller, merci beaucoup. »

Deux ans plus tard, rentrant fin avril 1968 de mon premier séjour aux États-Unis pour un stage de l'École des mines, et commençant mes études à l'ENA (j'avais préféré passer le concours plutôt que de profiter des places automatiquement disponibles pour les polytechniciens), affecté par le plus grand des hasards à la préfecture de la Nièvre, le modeste représentant de l'État que j'étais s'est retrouvé face au président du conseil général de la Nièvre et dirigeant de la Convention des institutions républicaines, qui tenta, à la fin de ce mois de mai, de se présenter comme un recours en cas de crise institutionnelle, face à de Gaulle. Dans ce moment particulièrement difficile pour lui (où on lui reprocha d'avoir tenté une sorte de coup d'État, face à un pouvoir en perdition), nous ne nous sommes parlé qu'en respectant les règles que nous imposait le jeu de rôles entre les représentants de l'État et un président de conseil général d'opposition. C'est là que j'ai commencé à l'appeler « Monsieur le Président » – même s'il ne présidait alors qu'un modeste conseil général.

Notre troisième rencontre eut lieu seulement cinq ans plus tard, à l'automne 1973. Bien des choses s'étaient déroulées depuis la précédente : il avait pris la direction d'un nouveau parti, le Parti socialiste (PS), et avait signé un programme commun avec le parti communiste. Je travaillais alors au Conseil d'État, j'enseignais l'économie à Polytechnique, à l'École nationale du génie rural, à celle des ponts et chaussées et à l'université de Paris-Dauphine, où je venais de créer un laboratoire de recherche avec Marc Guillaume ; je venais aussi de publier mes deux premiers livres (d'économie mathématique) ; au Parti socialiste, dont je n'étais toujours pas membre, Jean-Pierre Chevènement m'avait laissé la responsabilité d'une vague commission économique qui me permettait d'envoyer tous les mois une note d'analyse aux parlementaires, et en particulier à André Boulloche, le porte-parole sur ces sujets du groupe parlementaire.

André Boulloche n'a pas encore eu la grande biographie qu'il mériterait : fils de polytechnicien, reçu lui-même en 1934 à moins de dix-neuf ans à Polytechnique, ingénieur des Ponts, il plongea dans la Résistance avec toute sa famille. Sa mère, son père et son frère y laissèrent la vie. Lui-même, après mille péripéties d'une incroyable audace, fut envoyé à Buchenwald en avril 1944, puis à Flossenbürg, d'où il tenta par deux fois de s'évader et d'où il fut libéré par les Américains le 23 avril 1945. Après une carrière de haut fonctionnaire au Maroc, compagnon de la Libération, très engagé dans la SFIO, il soutint le retour de De Gaulle au pouvoir, devint brièvement ministre de l'Éducation nationale, démissionna pour ne pas approuver un soutien financier considérable à l'école privée, revint au Parti socialiste, devint député-maire de Montbéliard et vice-président du groupe socialiste à l'Assemblée nationale, en charge du budget et de l'économie. Il détestait François Mitterrand, sans jamais en parler ; j'avais pour lui une immense admiration et c'était une grande joie de travailler pour lui, avec lui.

C'est alors que Georges Dayan, le meilleur ami de François Mitterrand depuis les années 1930, qui se trouvait être mon voisin d'ennui à la 4e sous-section du contentieux du Conseil d'État, s'étonna que je ne travaille pas pour « François ». Georges était une merveille. Un géant débonnaire, le plus gentil du monde, le plus drôle du monde. Nos deux familles se connaissaient d'Alger, même si lui en était parti bien avant moi (il avait le même âge que François Mitterrand). Il prit l'initiative, dès 1971, de parler de moi à François Mitterrand, qui refusa de me voir. Georges insista : « Tu es nul en économie, il faut que tu le voies. » Nouveau refus. En novembre 1973, Georges récidiva et m'invita à me glisser dans une pause du comité directeur du PS, pour tenter de croiser celui qu'on nommait désormais le « premier secrétaire ». Georges fit les présentations et conseilla à « François » de me recevoir pour parler d'économie. François Mitterrand se montra très sec, distant. Aucune allusion à nos deux précédentes rencontres. Il ne voyait toujours pas l'intérêt de me recevoir. Georges insista à nouveau et lui parla des notes économiques que j'écrivais régulièrement pour le groupe parlementaire dont il faisait partie ; François Mitterrand prétendit qu'il les lisait, mais qu'il ne voyait pas l'intérêt de me consacrer davantage de temps et s'esquiva. Georges insista encore, sans m'en parler, et obtint de Marie-Claire Papegay, la merveilleuse assistante de François Mitterrand, un rendez-vous pour moi dans sa nouvelle résidence, un minuscule et charmant hôtel particulier, au 22 de la rue de Bièvre, pas loin de Notre-Dame.

C'était un matin de décembre 1973, à la veille d'une émission de télévision où il était invité. Je montai au troisième étage. Il m'accueillit dans son bureau, que je verrais ensuite si souvent. Toujours aussi sec et distant. Il me dit : « J'ai cinq minutes. » J'avais préparé trois phrases simples, chacune sur une feuille blanche différente. Des phrases très courtes. Sur l'inflation, le chômage et la crise pétrolière qui commençait. Nous sommes restés deux heures ensemble. Je m'en souviens comme si c'était hier. Je revois chaque détail de cette conversation. Sa jubilation quand il trouva dans mes propos quelques formules qu'il pourrait utiliser le lendemain à la télévision. Rien de plus.

Il me fit appeler de nouveau en février 1974 pour préparer une autre émission. Puis il me donna rendez-vous le 2 avril pour préparer son discours de rentrée parlementaire. Notre relation prenait un peu de consistance. Georges, qui veillait sur moi, me disait : « Continue, il t'aime beaucoup, mais il ne te le dira jamais. »

La veille de ce rendez-vous, le troisième depuis nos retrouvailles de novembre dernier, les radios et les télévisions annoncèrent la mort du président Pompidou. François Mitterrand m'appela lui-même pour me proposer de reporter notre rendez-vous au lendemain. Toujours rue de Bièvre. Tout le monde savait qu'il allait être candidat à l'élection présidentielle qui s'annonçait. Au téléphone, il n'en dit rien.

Le lendemain matin, en arrivant rue de Bièvre, je vis, par la fenêtre du rez-de-chaussée, tous les dirigeants socialistes entassés dans la vaste cuisine qui servait de salle à manger familiale, des gens que je ne connaissais encore que par la télévision : Poperen, Defferre, Mauroy, Bérégovoy, Fillioud, Hernu. Marie-Claire me fit signe d'entrer dans la salle. Juste à temps pour entendre François Mitterrand annoncer qu'il chargeait Claude Perdriel de la « propagande », André Rousselet des finances et qu'il me nommait directeur de sa campagne. Sans me l'avoir demandé.

Je savais qu'un tel moment devait arriver, allait arriver. Je l'avais tellement voulu…

J'avais juste trente ans. Je n'étais pas membre du Parti socialiste. Ni d'aucun autre. Je n'avais participé à aucun des congrès ou des négociations précédentes.

Entendant mon nom, Gaston Defferre demanda : « Attali, c'est qui ? »

Une fois la réunion terminée, François Mitterrand me retint et m'expliqua, avec des mots très aimables, qu'il m'avait choisi justement pour échapper au parti et à ses courants, qu'il me faisait confiance, mais qu'il allait perdre, parce que Pompidou était mort six mois trop tôt, qu'il ferait 12 700 000 voix et Giscard 13 100 000. « Six mois plus tard, j'aurais été élu », me dit-il.

Il ne s'est trompé que de 30 000 voix.

Première campagne, la plus belle, celle de 1974

Une fois réglé mon problème avec le Conseil d'État, qui se montra beaucoup plus tolérant que je ne le craignais, et après avoir ridiculement tenté de diriger cette campagne sous pseudonyme (ce qui tint vingt-quatre heures et fâcha beaucoup François Mitterrand : « Vous vous croyez dans la Résistance ? »), je m'installai à notre siège de campagne : un étage encore vide de la tour Montparnasse à peine achevée.

Aucun sondage ne nous donnait la moindre chance de gagner. Le Programme commun de la gauche faisait terriblement peur aux classes moyennes ; l'éventuelle présence de ministres communistes au gouvernement plus encore. L'essentiel de la presse, même de gauche, et l'ensemble des médias audiovisuels martelaient des éditos dénonçant l'influence extrême qu'auraient le parti communiste, la CGT et l'Union soviétique sur la gauche au pouvoir. Nous étions traités de bourgeois par les communistes et par les gauchistes ; d'idiots utiles par la gauche modérée ; de fous par la droite : la France ne pourrait plus, affirmaient les éditorialistes, rester dans l'OTAN et dans l'Union européenne, elle serait ruinée par l'application du Programme commun ; avec la victoire de François Mitterrand, on verrait des chars russes sur les Champs-Élysées et le FMI rue de Rivoli (où se trouvait encore le ministère des Finances).

Deux jours après sa déclaration de candidature, François Mitterrand m'entraîna pour deux meetings en Normandie. Nous voyagions en voiture. J'en profitai pour lui poser deux questions qui me tenaient à cœur : l'une sur le faux attentat dont il aurait été victime en octobre 1959, dit de l'Observatoire ; et l'autre sur son passage à Vichy et sa décoration de la Francisque, dont la droite se servait, sans trop insister. Sur le premier point, sa version (il se serait apitoyé sur un affabulateur et aurait accepté, pour lui sauver la vie, de prétendre avoir été victime d'un attentat) reste, aujourd'hui encore, considérée comme vraie, même si, à l'époque, personne parmi ses amis, pas même Pierre Mendès France, ne l'avait soutenu, ce que François Mitterrand n'oublia jamais. Sur le second point, il m'expliqua en grand détail ses trois évasions d'Allemagne, son passage par Vichy, son départ pour la Résistance, ses démêlés avec de Gaulle à Alger, à Londres, puis à Paris quand il entra dans le premier gouvernement de la Libération, à vingt-sept ans. Tout cela est aujourd'hui considéré comme exact. Sinon qu'il me laissa croire qu'il n'était resté que quelques semaines à Vichy, alors que j'apprendrais bien plus tard qu'il passa, dans les coulisses de ce pouvoir, plus d'un an… Je lui en voudrai beaucoup de m'avoir menti, pour finir par penser qu'il avait eu raison de le faire : s'il m'avait dit la vérité en ce jour d'avril 1974, je n'aurais sans doute jamais travaillé avec lui, alors que, à regarder les faits, il n'avait rien fait de répréhensible pendant cette période, à un moment où tant de gens, comme lui, avaient hésité entre des devoirs contradictoires et avaient, comme lui, fréquenté des gens abominables (pis, avaient continué de les fréquenter après la guerre).

Je regrette encore aujourd'hui de n'avoir pu lui dire, avant sa mort, que je lui étais reconnaissant de m'avoir menti ce jour-là…

La campagne démarra. J'y entraînai, entre autres, mes assistants à Dauphine, où j'avais commencé à enseigner, après y avoir passé une thèse de doctorat, invité par Marc Guillaume, mon collègue à Polytechnique. Il y avait là quelques jeunes gens, dont on entendra parler plus tard : Joëlle Toledano, Jean-Hervé Lorenzi, Erik Orsenna, Léo Scheer, Yves Stourdzé et bien d'autres, telles Kathleen Evin, Nathalie Duhamel et Françoise Castro. Quelques hauts fonctionnaires osèrent apparaître et me rejoignirent, dont le formidable Louis Gallois, très proche de Jean-Pierre Chevènement et de Jean-Claude Boulard, proche de Michel Rocard. Et d'autres : Jean Auroux, Édith Cresson, Gisèle Halimi, Nicole Questiaux, Pierre Joxe, Claude Cheysson, Louis Mermaz, Louis Mexandeau, Jean-Pierre Cot, Edwige Avice, Catherine Lalumière, Henri Emmanuelli, Georgina Dufoix, Georges Lemoine, Joseph Franceschi. Puis, des magistrats, des avocats, des journalistes, des syndicalistes, des enseignants. Je pris l'initiative d'inviter à nous rejoindre Michel Rocard, rencontré quelques années plus tôt et que j'avais fait entrer avec moi dans le corps enseignant de l'École des ponts et chaussées. Il accepta avec enthousiasme, soucieux d'être utile et de trouver une façon de rejoindre ce rassemblement de toutes les gauches non communistes. François Mitterrand sembla heureux de le découvrir. Michel vint m'assister à l'établissement d'un programme que je réussis à tenir quelque peu éloigné, dans la forme et le fond, du Programme commun, au grand dam des communistes et du CERES, furieux d'être quasiment exclus de la campagne.

Je fis la connaissance avec délice d'un ancien syndicaliste à qui François Mitterrand confia la gestion très délicate du courrier reçu pendant la campagne : Pierre Bérégovoy. Ancien ouvrier ajusteur, résistant dans la SNCF, militant à la SFIO, qu'il quitta en 1958 pour participer à la fondation du PSU en 1959, où il travailla avec Pierre Mendès France, avant de rejoindre Alain Savary, d'adhérer au « Nouveau Parti socialiste » et de participer aux négociations du Programme commun. Il en était alors secrétaire national chargé des affaires sociales. Je réalisai que c'était le premier ouvrier que je rencontrais vraiment, mis à part ceux croisés pendant deux courts stages dans les mines du Nord et dans une usine d'aviation.

Bien des gens demandèrent à rencontrer le nouveau venu que j'étais, parmi lesquels René Dumont, alors candidat contre François Mitterrand. Pour autant, je constatai que la fièvre de la politique ne me saisissait pas. Alors qu'autour de moi beaucoup cherchaient déjà des circonscriptions électorales et espéraient un poste de ministre en cas de victoire, rien de tel ne m'intéressait.

Le premier tour confirma le désir des Français d'en finir avec le gaullisme : Jacques Chaban-Delmas finit troisième. C'est là que je compris qu'une élection, c'est d'abord se débarrasser de quelqu'un avant de faire un choix positif.

Le second tour, entre François Mitterrand et Valéry Giscard d'Estaing, semblait joué d'avance : le jeune ministre des Finances allait l'emporter contre celui que tous les médias décrivaient comme un vieux politicien de la Quatrième République, otage des communistes, avec un programme insensé.

Pour préparer le premier débat télévisé entre les deux candidats du second tour (il y en avait eu d'autres, avant le premier tour, sur les deux radios périphériques, qui s'étaient révélées violemment militantes contre François Mitterrand), nous partîmes nous isoler à la campagne, chez André Rousselet. On tenta de simuler le débat. Je jouai le rôle de Valéry Giscard d'Estaing ; puis le talentueux Jean-Pierre Cot en fit autant et énerva prodigieusement François Mitterrand, qui nous quitta pour une sieste. Il fallut le réveiller pour rentrer à Paris.

Il était encore un peu endormi quand je vins le chercher rue de Bièvre pour partir vers les studios de télévision. Je le sentais très tendu, alors qu'il ne l'était jamais jusque-là. Pourquoi ? Une angoisse particulière liée à ce débat ? Le poids qui pesait sur ses épaules ? Le sentiment qu'il tirait là sa dernière cartouche et qu'il lui faudrait ensuite se retirer de la vie politique ? Savait-il que VGE allait faire allusion à Anne Pingeot ? Et à Mazarine, qui venait de naître ? Craignait-il que son double ménage ne soit révélé ce soir-là à sa famille et à la France tout entière ?

Le débat commença. Très maîtrisé. Les coups arrivèrent, tels qu'attendus. Rien de particulier. Nous avions tout prévu, même les critiques les plus sévères sur le chiffrage du programme. Giscard évoqua Anne de manière très indirecte, en mentionnant une « ville, Clermont-Ferrand, que vous connaissez particulièrement bien ». Une phrase à mon avis bien plus déstabilisante pour François Mitterrand que la célèbre « Monsieur Mitterrand, vous n'avez pas le monopole du cœur », dont Giscard affirmera plus tard qu'elle lui avait assuré la victoire.

De fait, le débat ne changea rien aux sondages, qui restèrent accrochés à un 52/48. Vint ensuite la défaite, par le score qu'avait prévu devant moi François Mitterrand, début avril, à 30 000 voix près. Michel Charasse m'expliquera un peu plus tard que, si les votes aux Antilles n'avaient pas massivement été truqués, comme il avait pu le constater lui-même sur place, François Mitterrand aurait gagné.

VGE s'installait donc très jeune au pouvoir. Pour quatorze ans sans doute. Quatorze ans…

Le lendemain matin, au siège de campagne, toute l'équipe, très émue, était rassemblée. François Mitterrand nous dit que la gauche gagnerait un jour, mais que cela serait sans lui, car il était déjà trop âgé, et que dans sept ans, en 1981, il en aurait soixante-cinq, l'âge de la retraite. Beaucoup pleurèrent. J'avais du mal à voir cela comme une fin. Plus encore de mal à croire à son départ. À mes yeux, il était, et demeurait, le chef incontesté de la gauche.

Juste après, il me prit à part, murmura quelques mots gentils, posa sa main sur mon épaule et ajouta : « Ce n'est pas encore cette fois qu'il y aura des ministres de trente ans. » Je mis un moment à comprendre qu'il ne parlait pas seulement de lui, mais de moi. Je répondis : « Mais, Monsieur, ce n'était pas du tout mon ambition. » Il me laissa, avec un sourire incrédule…

Encore sept ans d'opposition

Après la défaite, chacun retourna à sa vie. Pour moi, le Conseil d'État, l'enseignement, les voyages et les livres. Politiquement, je devins le directeur de cabinet de François Mitterrand, de façon bénévole et à temps partiel. J'occupais un modeste bureau du charmant petit immeuble de la place du Palais-Bourbon, devenu le siège du Parti socialiste. Nous nous installâmes dans une nouvelle routine : préparer élections après élections. Municipales en 1977, puis législatives en 1978 et, peut-être, la présidentielle en 1981.

La crise économique mondiale, déclenchée par les chocs pétroliers successifs, faisait rage ; c'était le moment de moderniser le Programme commun, de l'adapter aux nouvelles réalités du monde, tout en cherchant à ne pas rompre les alliances, nécessaires à la victoire. Je m'y attelai avec beaucoup d'autres, sans pour autant entrer dans la machine du parti.

C'était d'autant plus facile que je n'avais pas participé à son écriture. En organisant des colloques, des congrès, des débats, pour confronter nos idées et nos projets au réel. D'innombrables hauts fonctionnaires nous rejoignaient enfin. Même si j'acceptai d'en devenir membre et d'entrer au comité directeur, je refuserais un peu plus tard, au grand dam de François Mitterrand, le poste de secrétaire national du parti, en charge du programme. Et je fis tout pour éviter d'être candidat à une quelconque élection ou de partir à la recherche d'une circonscription électorale. On m'en proposa beaucoup. Et comme cela ne m'intéressait pas, je les répartis entre plusieurs de mes collaborateurs avides d'entrer dans cette carrière. En particulier, je confiai à Laurent Fabius, mon assistant du moment en tant que secrétaire de la commission économique que je présidais, la mairie et la circonscription de Grand-Quevilly que Michel Charasse venait de me proposer. Certains m'en seront reconnaissants. La plupart m'en voudront de leur avoir ainsi assuré un avenir. Beaucoup mettront du temps à reconnaître ce qu'ils me devaient. Quelques-uns ne le feront que du bout des lèvres. D'autres jamais. On n'a jamais d'ennemis plus terribles que ceux qui vous doivent beaucoup.

Ces sept années furent d'abord pour moi celles de beaucoup de voyages, en particulier en Iran, en Afghanistan et dans les universités américaines où je me sentais si bien, sans y avoir jamais étudié. Ce furent aussi des années de travail au Conseil d'État, de beaucoup d'enseignements, de rencontres : Claude Lévi-Strauss, Fernand Braudel, Ilya Prigogine, René Thom, Michel Serres, Joël de Rosnay, Henri Atlan, Henri Laborit, Edgar Morin, qui fixèrent ma pensée. Ce furent surtout des années d'écriture : *Bruits*, *La Parole et l'Outil*, *L'Anti-économique* (qui me valut la colère de tous les économistes), *La Nouvelle Économie française*, *L'Ordre cannibale* et *Les Trois Mondes*. Ce fut ainsi le moment pour moi de poser les bases de mon travail théorique et de prédire ce qui nous menace : l'artificialisation des rapports sociaux et de la vie, la montée de la solitude, du narcissisme et de l'égoïsme ; et aussi : le tsunami à venir de l'économie de l'information, l'importance croissante de la santé, de la consommation, de la nature et de l'éducation, l'avènement prochain du nomadisme et d'une société d'autosurveillance, et le basculement du centre du monde vers l'Asie.

J'avais le plus grand mal à réconcilier ma pensée avec la vulgate vaguement marxisante (en fait, sans rapport avec la pensée de Marx) qui fondait le Programme commun et le discours dominant du Parti socialiste. J'avais aussi beaucoup de mal avec ceux qui, à gauche, critiquaient l'alliance avec le parti communiste et rêvaient d'une réorientation de la gauche vers un programme clairement anticommuniste. Pour moi, l'alliance à gauche était politiquement incontournable. Et j'avais découvert dans ce parti (qu'on appelait encore « le Parti ») quelques femmes et hommes magnifiques, sincères et démocrates.

Pas d'autres solutions à mes yeux que de continuer mon travail théorique, en même temps que d'essayer, comme dans une sorte d'univers parallèle, d'actualiser avec beaucoup d'autres le programme de la gauche. François Mitterrand s'y prêtait tout à fait : il était, comme moi, fasciné par les nouvelles technologies qui pointaient, digitales et génétiques. Et ce que j'écrivais sur l'autosurveillance, l'hypersurveillance, l'ordinateur portable qui venait, et sur ce qui serait un jour Internet, l'intéressa beaucoup. Au point qu'il me demanda de préparer un livre que nous cosignerions sur ces sujets. Il le signera seul, finalement.

Avec l'équipe de la campagne de 1974, et quelques autres, je préparai ce qu'on appela l'« actualisation du Programme commun » et les débats que François Mitterrand avait régulièrement avec le Premier ministre et le ministre de l'Économie et des Finances du moment : Raymond Barre et Jean-Pierre Fourcade. Comme pour se roder au débat à venir en 1981 contre Giscard : la revanche de 1974. Revanche qu'il jurait de ne pas être en situation de pouvoir prendre. De fait, avec les dix principaux fidèles qu'il réunissait alors, rue de Bièvre, tous les jeudis matin, j'entendrai, semaine après semaine, entre 1974 et 1981, expliquer qu'il allait bientôt quitter la direction du Parti socialiste. Sans doute pour que nous le rassurions et qu'il se rassure sur notre attachement.

Pourtant, quand j'y pense, je me souviens de cette période comme d'un chemin inéluctable vers la victoire de 1981.

En dehors de ce premier cercle, quelques-uns étaient tentés de rejoindre la droite au pouvoir pour au moins sept ans encore. Ou de basculer chez Michel Rocard, en qui les médias voyaient le remplaçant prochain de François Mitterrand à la tête du Parti socialiste, et le candidat à la présidentielle de 1981 d'une gauche qui deviendrait frontalement anticommuniste.

On ne dira jamais à quel point la presse dite de gauche et l'ensemble des intellectuels qui gravitaient autour d'elle furent, toutes ces années-là, à quelques exceptions près, hostiles à François Mitterrand et à tout ce qu'il représentait. Et favorables à Michel Rocard et à son entourage.

Un jour de 1975, François Mitterrand m'entraîna à Londres, à une réunion de l'Internationale socialiste. C'était ma première visite au 10 Downing Street. Y étaient réunis, entre autres, autour du Premier ministre britannique Harold Wilson, l'Allemand Willy Brandt, le Suédois Olof Palme, le Portugais Mário Soares et l'Espagnol Felipe González, tous deux encore clandestins. La question était de savoir si l'Internationale socialiste devait soutenir une alliance des socialistes portugais et espagnols avec les communistes pour renverser les dictatures de Salazar et de Franco. François Mitterrand était un des plus circonspects. La réunion se termina sans conclusion.

Dans l'avion de retour, il m'expliqua qu'il était fatigué et qu'il ne se présenterait ni aux législatives de 1978 ni à la présidentielle de 1981. Je me récriai. Il me répéta qu'en 1981 il aurait soixante-cinq ans et que personne ne voudrait d'un président de cet âge. Je lui retournai tous les arguments possibles. Il insista pour que je lui suggère des noms de successeurs. Je me récriai encore. Il insista. Juste au moment d'atterrir, de guerre lasse, je lâchai : « Si un jour vous vous retirez, Michel Rocard... » Il m'interrompit en souriant : « Je me demande combien de successeurs je vais user en moi. » Nous éclatâmes de rire... Je n'eus plus jamais le moindre doute sur sa détermination, même s'il continuerait de répéter à tous, au moins jusqu'en 1980, son désir de se retirer.

La mort d'André Boulloche et l'élection de 1978

Après les grands succès des socialistes et les échecs des communistes aux élections municipales de 1977, ces derniers attribuèrent leur recul aux concessions faites aux socialistes ; ils demandèrent que le Programme commun soit durci, qu'il prévoie plus de nationalisations et plus de droits syndicaux ; qu'on augmente tous les salaires de base jusqu'à 2 000 francs par mois, et même davantage. François Mitterrand tint ferme sur les nationalisations. Mais, à mon grand dam et à celui d'André Boulloche (qui était en charge de l'économie au groupe parlementaire, et qui présenta tout au long de ces années à la presse, en bougonnant, le chiffrage de l'actualisation du programme socialiste), il céda sur les dépenses sociales. Le PCF exigea aussi que le PS prît un engagement de rompre avec l'OTAN. C'en était trop : il n'était pas question pour François Mitterrand de quitter cette alliance aussi longtemps qu'existerait, en face, le pacte de Varsovie. Les négociations tanguèrent. Les radicaux les quittèrent avec fracas le 14 septembre 1977. Une semaine plus tard, dans la nuit du 21 au 22 septembre, se tint une nouvelle réunion de négociations au siège du PCF, place du Colonel-Fabien. Il y avait là Georges Marchais, François Mitterrand, Paul Laurent, Pierre Bérégovoy, Philippe Herzog et moi.

On se disputa encore sur l'ampleur des nationalisations. La réunion fut lugubre, malgré les tentatives de Paul Laurent de faire de l'humour à nos dépens. On se quitta sur un échec. En sortant, à 2 heures du matin, je dis à François Mitterrand : « La rupture de la gauche fera demain les gros titres ! » Il me répondit en souriant : « Pas grave. C'est comme les voyages sur la Lune. Le premier voyage a fait les gros titres, mais pas les suivants. Ne vous inquiétez pas, cela sera vite oublié. » Il avait compris, contrairement à bien des gens à ce moment-là, que cette rupture, au lieu de renforcer le parti communiste, allait accélérer son déclin. Et rendre ainsi enfin possible la victoire de la gauche.

Puis vinrent les élections législatives de mars 1978. Même rituel que pour les précédentes : une nouvelle version du programme, encore alourdi sur le terrain social, encore réduit sur le terrain des nationalisations et allégé sur le plan diplomatique, quelques améliorations sur le terrain des libertés publiques. J'ai fait ce que j'ai pu encore, avec bien d'autres, pour moderniser le vocabulaire et contenir les dépenses dans les limites des recettes. Beaucoup, à gauche, pensaient que, cette fois, nous allions gagner. Giscard lui-même fit tout pour effrayer l'opinion, demandant aux Français, dans un discours resté célèbre prononcé à Verdun-sur-le-Doubs, de faire « le bon choix ». Il expliqua que, en cas de victoire de la gauche, il ne ferait rien pour empêcher l'application du programme qu'il condamnait et se réfugierait à Rambouillet, sans plus aucune activité, dessinant ainsi une conception très particulière de la cohabitation, dont nul n'avait encore l'expérience. Personne, ni à droite ni à gauche, y compris moi, ne comprenait alors qu'en réalité celui gagnerait ces élections législatives perdrait l'élection présidentielle suivante.

Comme j'avais refusé d'être candidat, même dans une circonscription parisienne gagnée d'avance, où François Mitterrand voulait absolument que je me présente (lors du vote d'investiture, j'avais demandé explicitement aux militants de ne pas voter pour moi et de voter pour ma concurrente, qui deviendra ministre un peu plus tard), je parcourus la France, afin de soutenir des candidats socialistes. Au matin du 15 mars 1978, je me rendis compte que j'avais deux engagements pour ce soir-là, l'un à Chartres pour Georges Lemoine et l'autre à Saint-Dié pour

Christian Pierret. Je passai à l'Assemblée, y croisai André Boulloche et lui demandai de me trouver un remplaçant pour l'un ou l'autre. Il proposa de le faire lui-même : Saint-Dié se trouvait à côté de sa propre circonscription de Montbéliard et il prendrait, pour s'y rendre, puis pour rentrer chez lui, le même petit avion qui devait m'y emmener.

J'étais encore à la tribune, à Chartres, quand j'appris que l'avion ramenant André Boulloche de Saint-Dié à Montbéliard avait disparu dans une tempête. On retrouvera son corps le lendemain matin près de Malsburg-Marzelle, dans le Bade-Wurtemberg, en Allemagne. Ce grand résistant avait trouvé la force, avec le pilote, de se dégager de l'avion naufragé et de marcher dans la neige, avant de succomber.

Je n'aurais peut-être pas été pris dans cette tempête, car l'avion, qui m'aurait ramené à Paris, n'aurait sans doute pas volé vers l'est. En tout cas, si j'avais été à sa place, lui ne serait pas mort.

C'est à ce moment qu'est né en moi le sentiment d'avoir pris la place d'un autre, d'être en trop, d'être de trop, d'être un imposteur.

C'est là aussi que j'ai pris conscience qu'au fond j'éprouvais ce sentiment depuis très longtemps, et que prendre la direction de la campagne de 1974 n'avait rien arrangé. Je comprenais mieux pourquoi j'avais voulu utiliser un pseudonyme : ce n'était pas moi qui étais là… Pas tout moi, en tout cas.

René Bousquet et la Collaboration

Un jour de septembre 1978, alors que François Mitterrand m'avait invité à déjeuner pour réfléchir à la suite, Marie-Claire me prévint qu'il m'attendait dans un restaurant voisin, le *Dodin-Bouffant*, où il se trouvait avec des amis. Je le vis assis à une table de la terrasse, entouré de six personnes, dont je ne reconnus que Henri Frenay (un des grands patrons de la Résistance de l'intérieur) et Jean-Paul Martin, un des vieux amis de François Mitterrand, croisé quatre ans plus tôt tour Montparnasse et dont je ne savais rien du passé. Parmi les autres convives, un monsieur plus âgé que les autres, avec de grosses lunettes d'écaille, habillé d'un chaud costume trois-pièces noir, malgré la température encore estivale ; je voyais bien que chacun se tournait vers lui avec révérence, à de nombreux moments. La conversation tourna beaucoup autour de leurs souvenirs de l'immédiat après-guerre.

À la fin du déjeuner, François Mitterrand me proposa de le raccompagner rue de Bièvre et je lui demandai de me parler de nos convives. Il en arriva à l'homme en noir et dit : « René Bousquet ». Son nom m'était alors totalement inconnu ; on ne connaissait pas encore son rôle dans la rafle du Vél' d'Hiv', qui allait être révélé quelques semaines plus tard par une interview dans *L'Express* de son adjoint à Vichy, Darquier de Pellepoix. François Mitterrand poursuivit : « Il a commencé sa carrière en 1936, comme sous-préfet, est devenu célèbre en plongeant dans la Garonne pour sauver un petit garçon qui se noyait. Il est ensuite devenu secrétaire général de la police à Vichy. » Je l'interrompis et m'arrêtai : « Comment ? Vous m'avez fait déjeuner avec le secrétaire général de la police de Vichy ?! » Il me répondit : « Oui, mais il a été ensuite limogé, puis arrêté par les Allemands et blanchi après la guerre. » (Tout cela sera avéré.) J'ajoutai : « Oui, mais il a été le secrétaire général de la police de Vichy ! » Il reprit : « À cette époque, les choses étaient très compliquées : il a sauvé la vie de tous ceux qui étaient autour de cette table. »

Quelques semaines plus tard, le 28 octobre 1978, lorsque Darquier de Pellepoix révéla que c'était ce même René Bousquet qui avait ordonné et organisé la rafle du Vél' d'Hiv', François Mitterrand me promit de ne jamais le revoir ; promesse qu'il ne tint pas. Je découvris également le rôle déterminant que jouait ce personnage auprès des dirigeants de *La Dépêche*, le très influent journal toulousain. J'appris aussi un peu plus tard que Jean-Paul Martin, un autre des convives de ce déjeuner, avait été le chef de cabinet de René Bousquet pendant toute la guerre, y compris au moment du Vél' d'Hiv', et que c'était lui qui, à la demande de René Bousquet, avait averti François Mitterrand de son arrestation prochaine... Radié de la fonction publique en 1944, exilé plusieurs années en Suède, ce même Jean-Paul Martin ne rentra en France qu'en 1954, pour devenir directeur adjoint du cabinet du ministre de l'Intérieur, puis du garde des Sceaux, François Mitterrand. Des années plus tard, en 1982, le même Jean-Paul Martin m'apportera à l'Élysée le manuscrit de ses Mémoires, pour que je les lise. Manuscrit que François Mitterrand, averti de la venue de Martin dans mon bureau, me confisquera avant que je n'aie le temps de l'ouvrir. En décembre 1986, François Mitterrand et René Bousquet assisteront à ses obsèques...

Toute l'histoire de France est là, dans cette ambiguïté, dans cette dualité, que jamais je n'accepterai. Moins encore que de l'entendre, pendant toutes ses années, parler de la Seconde Guerre mondiale comme aussi absurde que la Première, alors que si l'une, la première, était évidemment injustifiée, l'autre, la seconde, était un combat vital contre la pire monstruosité humaine. Je n'accepterai pas non plus de le voir refuser, malgré toutes mes demandes, de reconnaître la responsabilité de la France dans la Shoah, et en particulier dans la rafle du Vél' d'Hiv', dont le principal organisateur était un de ses très proches amis, qui lui sauva peut-être la vie, sans doute pour sauver la sienne...

Au même moment, je comprenais que mes vies de magistrat, de professeur, d'intellectuel, d'écrivain et de conseiller d'un homme politique ne me suffisaient pas. Je détestais signer des pétitions, défiler dans les rues, mais diriger le cabinet du chef de l'opposition ne me semblait ni assez créatif ni assez constructif face aux enjeux du temps. Ainsi, en 1980, après une rencontre avec un homme politique italien venu proposer de signer un énième manifeste contre la famine en Éthiopie, je préférai lancer un projet concret : de cette conversation, et d'une initiative que j'ai prise juste après, rejoint par Bernard-Henri Lévy, Françoise Giroud, Alfred Kastler, Guy Sorman, Robert Sebbag et quelques autres, naquit Action contre la faim, qui est aujourd'hui une des plus importantes organisations non gouvernementales au monde de lutte contre les conséquences humaines des catastrophes naturelles et des conflits. Une nouvelle perspective s'ouvrait devant moi : pour agir, créer moi-même des organisations internationales, non gouvernementales ou pas. Depuis lors, j'en ai créé quatre.

Rocard et les boulettes de papier

Quelques mois plus tard, alors que les élections législatives perdues avaient, malgré tout, démontré que le Parti socialiste était clairement passé devant le parti communiste, et que le total des voix de gauche permettait d'envisager une victoire en 1981, commença à se poser la question de savoir qui serait le candidat de la gauche. Certes, tout le monde pronostiquait la réélection de Valéry Giscard d'Estaing. Mais qui serait son rival ? François Mitterrand allait-il se retirer comme il le prétendait depuis 1974 ? Le seul à qui il pourrait céder sa place, au vu des sondages, était Michel Rocard, qui incarnait pourtant tout ce que lui, Mitterrand, détestait : un programme flou, le soutien de cette fraction de la gauche (que François Mitterrand désignait comme « catholique ») pour qui le parti communiste était un ennemi juré et qui rêvait d'une alliance avec le centre. Pour François Mitterrand, une telle stratégie était condamnée à l'échec.

Pour l'avoir connu en 1971 au siège du PSU et l'avoir entraîné avec moi tant dans la campagne de 1974 qu'au PS, et pour avoir également enseigné avec lui à l'École des ponts et chaussées, j'avais vite compris que cet inspecteur des finances (il avait dix ans de plus que moi) était fait d'une très grande gentillesse et d'un goût prononcé pour les petites manœuvres ; d'une grande sophistication et d'une étrange confusion intellectuelles ; d'une extrême naïveté et d'un grand cynisme. À cela s'ajoutait chez lui une haine irrépressible à l'égard de François Mitterrand en même temps que le désir éperdu de lui plaire.

À partir de 1976, Michel Rocard occupa tous les médias, à un point difficile à imaginer aujourd'hui ; tous les journalistes voyaient alors en lui le meilleur candidat de la gauche... Les médias de droite étaient convaincus qu'il ferait perdre la gauche et poussaient sa candidature dans l'intérêt objectif de leurs actionnaires et de leurs lecteurs. Les médias de gauche, eux, espéraient aussi, grâce à Rocard, une défaite de la gauche politique, pour rester les seuls porte-parole de leurs lecteurs.

De fait, Michel Rocard ne pouvait pas gagner : la haine que lui vouaient les communistes, alors encore très puissants, aurait suffi à l'en empêcher. Au surplus, il lui manquait, à mon sens, une qualité essentielle pour être un homme d'État : le caractère ; et ce qui va avec : le mystère, la capacité à masquer ses sentiments, le respect de soi-même, dont il était totalement dépourvu, malgré une très grande estime de soi. J'en ai vécu mille manifestations. Qu'il me suffise d'en citer une seule.

Un jour de novembre 1980 où, venu à ma demande rue de Bièvre pour annoncer à François Mitterrand qu'il allait être candidat contre lui à l'élection présidentielle, voilà qu'il se lança dans un de ces discours obscurs dont il était coutumier, devant un François Mitterrand agacé. Ce dernier avait alors fabriqué une boule de papier, en froissant une feuille de son bloc ; puis il l'avait poussée et fait tomber entre son bureau et la chaise de son visiteur, qui se mit à plat ventre sous le bureau de son hôte pour la ramasser. Aux yeux de François Mitterrand (qui me raconta cette histoire, qui m'horrifia, juste après le départ de Michel Rocard), tout était dit.

Michel Rocard ne fut pas candidat et fut, bien plus tard, ministre, puis, au début de son second mandat, Premier ministre de François Mitterrand, dans une étrange forme de cohabitation.

Mon ami Coluche

Pendant ce temps, l'extrême gauche hésitait. Allait-elle se contenter de ses candidatures habituelles, devenues témoignages de routine ? Ou allait-elle se manifester autrement ? Comment allaient s'exprimer ou s'abstenir les centaines de milliers de jeunes, d'artistes, de militants anarchistes, utopistes, maoïstes, trotskistes et libertaires ?

Voilà que, venue de nulle part, une candidature surprise bousculera cette mouvance. Une candidature ? Voire : celle de Michel Coluche, qui se déclara le 30 octobre 1980.

Très vite, sa candidature attira l'attention de tous : la droite tenta de détourner ses coups vers la gauche ; les rocardiens lui conseillèrent d'attaquer Mitterrand ; quelques amis de Mitterrand vinrent, de leur propre initiative, chercher son soutien. L'extrême gauche voulait en faire le destructeur du « système ».

Lui continua imperturbablement à faire campagne à sa façon, et annonça en novembre 1980 qu'il irait jusqu'au bout. Chaque jour, son équipe de campagne, que dirigeait Romain Goupil, annonçait le nombre croissant de maires qui le soutenaient.

En novembre 1980, à l'initiative de deux amis communs, France Gall et Michel Berger, il fut décidé que nous nous rencontrions. J'en prévins François Mitterrand qui me dit qu'il n'avait aucun message pour lui et que nous ne devions pas chercher à le convaincre de se retirer. J'admirais déjà le comique, que j'avais vu au théâtre et dont j'écoutais, fasciné, les interviews, si insolentes, sur des médias terrifiés de lui donner la parole.

Le dîner commença très mal. Il m'accusa de mentir. Je lui renvoyai la même injure. On se calma. Le dîner dura jusqu'à 3 heures du matin. J'étais émerveillé par son intelligence, sa capacité à penser le monde d'un autre point de vue. Je retrouvais mes propres colères, dites tout autrement, avec infiniment plus de capacité de conviction que moi. Nous venions de deux planètes et nous nous étions trouvés. Il demanda à me revoir le lendemain. Là, dans ma cuisine, il me stupéfia en me confiant qu'il ne se présentait à l'élection présidentielle qu'en raison de la censure dont il était victime : il n'avait plus accès aux médias audiovisuels et n'avait pas trouvé d'autres moyens d'attirer l'attention sur ses spectacles que de se porter candidat à l'élection présidentielle. Il m'annonça qu'en fait il n'avait aucune signature de maire, qu'il n'avait pas l'intention d'en chercher ni d'être candidat et qu'il aiderait François Mitterrand à gagner. Ce qu'il fit. Avec talent. En attirant vers les urnes des centaines de milliers de jeunes qui, sans lui, ne seraient sans doute pas allés voter.

Au lendemain de l'élection de François Mitterrand, il m'écrira de son écriture appliquée, à l'encre verte, une lettre que j'ai toujours avec moi, qui se termine par « j'ai confiance en vous ». Il vint souvent me voir à l'Élysée, rencontra François Mitterrand, assista même à un de ses discours en province (il accepta avec grande joie de signer un autographe sur les épaulettes des policiers de la haie d'honneur du Président) et resta un homme humble, torturé, malheureux, infiniment attentif, tendre, génial. Un merveilleux ami. Un Juste.

Au point de se mettre au service d'une cause, celle de la très grande pauvreté, dont, pourtant, l'élection de 1981 aurait dû faire disparaître la raison d'être.

Notre amitié s'était renforcée. Elle devint fusionnelle. Elle dura jusqu'au dernier jour de sa vie.

Mai 1981 : tout est joué en mars, par surprise

L'élection présidentielle de mai 1981 se joua en fait le 16 mars de cette année-là : jusque-là, les sondages donnaient encore François Mitterrand perdant. De peu, mais perdant. L'opinion centriste et les forces catholiques, pour certaines pourtant de plus en plus hostiles à VGE, n'étaient pas prêtes à accepter les nationalisations. Et moins encore l'entrée de ministres communistes dans un gouvernement ; alors qu'à Moscou Brejnev régnait encore d'une main de fer, et menaçait tous les jours de détruire l'Europe avec ses missiles, dont s'annonçait le déploiement en Pologne et en Allemagne de l'Est ; et alors que bien des dirigeants du Parti communiste français avaient encore la réputation de prendre leurs ordres au Kremlin. À Paris, la droite comme une partie des journaux de gauche étaient vent debout contre François Mitterrand. Beaucoup d'anciens communistes en particulier, restés à gauche ou passés à droite, se déchaînaient ; notamment contre moi, à qui on reprochait d'accepter les folies du Programme commun. Jean-François Kahn me consola d'une jolie phrase assassine : « Ces gens-là [les anciens communistes passés à droite] vous engueulent parce qu'ils se sont beaucoup trompés. » Dans mon souvenir, depuis décembre 1980, je ne doutais plus de la victoire de François Mitterrand. Mais nous n'étions pas nombreux dans ce cas-là. Et les sondages prévoyaient imperturbablement sa défaite.

Lui et moi nous voyions de plus en plus souvent pour préparer ses interviews et pour organiser la campagne qui commençait. Le 16 mars, François Mitterrand fut invité sur la deuxième chaîne de la télévision publique française, à une émission alors fameuse, « Cartes sur table », animée par deux journalistes politiques très compétents, ouvertement militants de droite, à la télévision comme à la radio où ils officiaient l'un et l'autre, Europe 1.

Quelques jours avant, les deux compères avaient demandé à me rencontrer afin de préparer l'émission. Rendez-vous fut pris : dîner chez moi. Ce soir-là, sans même se rendre compte de leur impudence, ils discutèrent entre eux, devant moi, des légères modifications qu'ils apporteraient au déroulé de leur émission, pour la rendre un peu moins partisane, après la réélection de Giscard, dont ils ne doutaient pas. On mit au point un fil de questions.

Le soir venu, 16 mars 1981, les deux journalistes suivirent scrupuleusement ce déroulé. Jusqu'à ce que, alors que s'annonçait le générique de fin, l'un des deux, Alain Duhamel, lançât une question non prévue : « Monsieur Mitterrand, cela fait une heure vingt que nous sommes ensemble, j'ai une dernière question à vous poser. C'est celle-ci : il y a actuellement cinq condamnés à mort dans des cellules, je voudrais savoir, si vous étiez élu président de la République, si vous les gracieriez. »

Dans la coulisse, je devinai évidemment le piège : l'opinion publique était très favorable au maintien du châtiment suprême ; l'émission allait donc se terminer sur une réponse par laquelle François Mitterrand allait apparaître soit comme minoritaire s'il persistait, soit comme flou s'il éludait. J'enrageais. J'aurais dû m'en douter…

Très calme, François Mitterrand répondit (et sa réponse mérite d'être citée dans son intégralité) : « Pas plus sur cette question que sur les autres, je ne cacherai ma pensée. Et je n'ai pas du tout l'intention de mener ce combat à la face du pays en faisant semblant d'être ce que je ne suis pas. Dans ma conscience profonde, qui rejoint celle des Églises, de l'Église catholique, les Églises réformées, la religion juive, la totalité des grandes associations humanitaires, internationales et nationales, dans ma conscience, dans le for de ma conscience : je suis contre la peine de mort. Et je n'ai pas besoin de lire les sondages qui disent le contraire, une opinion majoritaire est pour la peine de mort. Eh bien moi, je suis candidat à la présidence de la République et je demande une majorité de suffrages aux Français, mais je ne la demande pas dans le secret de ma pensée. Je dis ce que je pense, ce à quoi j'adhère, ce à quoi je crois, ce à quoi se rattachent mes adhésions spirituelles, ma croyance, mon souci de la civilisation : je ne suis pas favorable à la peine de mort. »

L'autre journaliste, Jean-Pierre Elkabbach, insista : « Donc vous les gracieriez ? » François Mitterrand répondit encore, avec toujours la même précision de vocabulaire : « Je ferais ce que j'aurais à faire dans le cadre d'une loi que j'estime excessive, c'est-à-dire régalienne, d'un pouvoir excessif donné à un seul homme : disposer de la vie d'un autre, mais ma disposition est celle d'un homme qui ne ferait pas procéder à des exécutions capitales. »

En écoutant cela, à trois mètres de lui, je ressentais une très grande fierté d'être à ses côtés depuis tant d'années, et j'eus le sentiment qu'il serait élu, sur cette preuve de sincérité ; une qualité que personne, ni à droite ni à gauche, ne lui reconnaissait jusque-là. Je le lui dis immédiatement à la sortie. Les deux journalistes, eux, s'esquivèrent.

Les sondages le confirmèrent dans les jours qui suivirent : il passa en tête, et ne cesserait plus de l'être.

Depuis, ces deux journalistes ont expliqué qu'ils avaient fait ça pour aider François Mitterrand... Comment les croire ? Étaient-ils en service commandé pour le détruire ? Ou avaient-ils voulu vraiment l'aider ?... Peut-être, après tout. Ils étaient assez experts de la vie politique pour anticiper les conséquences d'une réponse franche à leur question piège... Eux, en tout cas, se sont aujourd'hui persuadés que François Mitterrand leur devait son élection...

Que dire de la campagne qui suivit, sinon que j'en garde le souvenir d'une fade redite de celle de 1974, moins spontanée, plus prévisible ? Meetings, débats, interviews, discussions des affiches (« La force tranquille », slogan imposé par François Mitterrand contre presque toute son équipe de campagne) ; comme souvent, il avait organisé un tour de table et parla en dernier, presque seul, en faveur de l'affiche, que j'avais aussi approuvée en la découvrant avec lui et Jacques Séguéla un peu avant la réunion.

Nous venions de passer sept ans à modifier, amender, confronter nos propositions. Certes, le programme, rebaptisé « 110 propositions », contenait encore bien des fondements du Programme commun, mais il était désormais très éloigné de la dynamique collectiviste qu'il aurait pu impliquer en 1972 et, dans sa partie conjoncturelle, beaucoup plus réaliste ; le coût des mesures était chiffré, en détail, avec l'aide de quelques experts de la direction du Budget qui commençaient à nous rejoindre, dans la plus grande discrétion, et de deux jeunes gens très affairés venus me proposer leur aide : François Hollande et Ségolène Royal.

Restait un pari : le coût des promesses sociales était si considérable qu'il supposait, pour être supportable, un sursaut de croissance de l'économie mondiale, qu'annonçaient bien toutes les institutions internationales. Mais que se passerait-il si cela n'avait pas lieu ?... On écarta vite cette hypothèse. Trop vite.

Rare fausse note : Michel Rocard confiait à des journalistes que ce programme était « cinglé ».

Quand cette campagne commença, je dirigeais à peu près la même équipe que sept ans auparavant, qu'avaient toutefois rejointe plusieurs nouveaux venus : Ségolène Royal, Nicole Questiaux, Edwige Avice, Catherine Lalumière, François Hollande, Laurent Fabius, Jean-Claude Boulard, Jean Auroux, Henri Emmanuelli, Georgina Dufoix, Georges Lemoine et bien d'autres. Il nous manquait Georges, le merveilleux Georges Dayan, qui nous avait quittés, en mourant deux ans avant sur une table d'opération, pour une intervention qui s'annonçait bénigne. Et André Boulloche, dont nous aurions eu tant besoin et qui n'était plus là non plus.

Inaction ou sabotage : la transition

Comme attendu, sans surprise véritable, en tout cas pour nous, le 10 mai à 20 heures, l'élection de François Mitterrand est annoncée sur tous les médias du monde. La France devient le centre d'une large attention internationale, surtout parce que des communistes s'approchent du pouvoir en Occident. Même s'il se passe bien des choses ailleurs : Bobby Sands est mort le 5 mai à Belfast de sa grève de la faim, Bob Marley est mourant à Miami, et le pape Jean-Paul II est gravement blessé par un fanatique turc au Vatican le 13. Qu'est-ce qui, de tout cela, laissera la plus grande trace dans l'Histoire ?

Au téléphone, depuis Château-Chinon, quand nous l'appelons pour lui donner les résultats, François Mitterrand ne fait que nous répéter : « Quelle histoire ! Quelle histoire ! »

Entre le 11 et le 21 mai ne se noue aucun contact, sinon formel et protocolaire, pour la passation de pouvoir. Dans les locaux de transition que nous improvisons, et avec l'équipe que dirige Pierre Bérégovoy (qui se voit Premier ministre), nous attendons en vain qu'on nous communique des informations et des dossiers de transition.

Peu de gens sont au courant de la sourde bataille qui se joue alors : Raymond Barre refuse de prendre les mesures de contrôle des changes qui s'imposent sans un ordre de François Mitterrand, qui me demande de lui transmettre son refus de le lui donner : il n'est pas encore président et n'a pas d'ordre à donner avant le 21 mai. Raymond Barre persiste : sans ordre, il ne fera rien. J'alerte le gouverneur de la Banque de France. Il n'agira pas non plus.

Tous deux savent pourtant que bien des épargnants, bien des fraudeurs du fisc, très riches ou pas, font tout ce qu'ils peuvent à ce moment pour sortir au plus vite leur argent du pays.

Ce refus d'agir de toute l'administration en place, du président de la République au gouverneur de la Banque de France, en passant par le Premier ministre et le ministre des Finances, entraînera des sorties de capitaux considérables et donc de gigantesques sorties de devises, qui manqueront cruellement à l'avenir…

On peut même dire que toutes les péripéties qui vont suivre, jusqu'en mars 1983, trouvent une bonne partie de leur origine dans ces dix jours terribles ; dans cette inaction obstinée des sortants et ce qu'elle fit perdre à la France. De fait, j'ai bien senti, dans mes contacts avec eux, qu'à leurs yeux, nous étions des usurpateurs.

Le jeudi 21 mai, vers midi, après la cérémonie d'investiture, nous voilà donc à l'Élysée, pour un déjeuner réunissant toute l'équipe de campagne, debout dans la grande salle des fêtes du palais ; nous ressentons tous un étrange sentiment d'usurpation, qui nous vient du matraquage médiatique et de la façon dont nous avons été traités en parias pendant tant d'années. Un sentiment que résume parfaitement le délicieux Paul Guimard, quand, vers 14 heures, il me tape sur l'épaule et murmure : « Dépêche-toi de finir ton café, la salle est louée pour l'après-midi. » C'était exactement le sentiment que j'éprouvais.

De cette passation de pouvoir, l'histoire n'aura retenu que la partie visible : après les adieux grandiloquents du président précédent à la télévision, le passage de François Mitterrand au Panthéon pour déposer des roses rouges sur quelques tombes (que nous avions préparé deux jours avant, avec lui, Jack Lang, Serge Moati et quelques autres). Je n'y suis pas : il m'a envoyé seul, en son nom, déposer à la même heure une autre rose rouge sur la modeste tombe de Léon Blum, à Jouy-en-Josas.

Premières nominations

Le lendemain, vendredi, il nomme officiellement son Premier ministre, Pierre Mauroy. Pierre est le compagnon de dix ans, pas toujours fidèle puisqu'il avait trahi François Mitterrand au congrès de Metz en avril 1979 pour s'allier à Michel Rocard. Il s'était vite repenti. Militant, d'un grand bon sens, infatigable travailleur. Il était le meilleur choix possible.

Puis il nomme son secrétaire général, Pierre Bérégovoy, qui espérait Matignon ou au moins un grand ministère (le Président se montre très heureux de pouvoir confier ce rôle d'intendant en chef du palais, toujours réservé à un très haut fonctionnaire, à un ancien syndicaliste, qui s'en acquittera parfaitement). Puis son directeur de cabinet, André Rousselet, si élégant, si drôle, parfaitement adapté à ce rôle et qui doit pour cela abandonner pour un moment toutes ses responsabilités privées. Il sait qu'il ne doit ce poste qu'à la mort de Georges Dayan, à qui il était naturellement destiné.

Tout au long de sa vie, François Mitterrand aimera s'entourer de gens originaux, et confier des rôles majeurs à des gens qui refusent d'être ce que la vie aurait dû exiger qu'ils soient, tels Pierre Bérégovoy, André Rousselet, le tonitruant et si compétent Michel Charasse ; et bien d'autres aux parcours plus cabossés, tels Bernard Tapie, Édith Cresson, François de Grossouvre et Roger-Patrice Pelat. Certains le trahiront ou le décevront ; il leur restera cependant fidèle jusqu'au bout.

Il me faut attendre le lendemain matin pour qu'il me fasse appeler à l'Élysée (où j'ai refusé de m'installer sans y avoir été officiellement nommé, comme l'ont fait tant d'autres la veille). Il m'annonce alors qu'il souhaite que je m'installe dans le bureau mitoyen du sien (que s'était déjà approprié quelqu'un d'autre), avec le titre de conseiller spécial ; sans dépendre de qui que ce soit d'autre que lui. Ce rôle, au cœur et en marge, qui ne m'empêchera pas de continuer d'écrire et d'enseigner, me convient parfaitement. Quelques mois plus tard, il me demandera d'être aussi son sherpa, d'assister au Conseil des ministres et au Conseil de défense ; puis, en juin 1982, quand Pierre Bérégovoy entrera enfin (il en rêve depuis le premier jour) au gouvernement comme ministre des Affaires sociales et de la Solidarité nationale, il me demandera d'être porte-parole du Conseil des ministres et de désigner le successeur du secrétaire général. Je choisis alors Jean-Louis Bianco, un de mes camarades de lycée, que j'avais emmené à l'Élysée (avec aussi, entre autres, Ségolène Royal, François Hollande et Pierre Morel). Jean-Louis remplira très bien ce rôle, pendant de longues années, avant de devenir, lui aussi, ministre.

Exercer le pouvoir

Nos prédécesseurs ne nous ont rien transmis, ni documents, ni archives ; aucun de nous n'a la moindre pratique de l'appareil d'État. Seuls François Mitterrand, Gaston Defferre et Maurice Faure ont déjà été ministres, près de trente ans plus tôt. De nombreux hauts fonctionnaires, tels Marceau Long au secrétariat général du gouvernement, Jean-Claude Paye au Quai d'Orsay et Jean-Yves Haberer au Trésor, jouent parfaitement le jeu et assurent une transition parfaite, en nous formant à nos nouvelles responsabilités. Ils conserveront leurs fonctions avec nous.

François Mitterrand se révélera avoir beaucoup réfléchi à la façon d'exercer son pouvoir. Un pouvoir qui grandit encore quand, un mois plus tard, le Parti socialiste obtient seul la majorité au Parlement. C'est la condition que François Mitterrand s'était imposée pour accepter de nommer des communistes au gouvernement. Le soir de ces résultats, il dit à tous ceux qui sont réunis autour de lui à l'Élysée : « Regardez bien ça, vous ne le reverrez plus jamais. »

Il a alors vraiment tous les pouvoirs ; et plus encore, il a du temps devant lui et même la perspective d'être réélu. Envisager de rester au pouvoir pendant quatorze ans est possible.

Il a fallu son très grand respect pour la fonction parlementaire et ministérielle pour résister, autant qu'il lui était possible, à ce pouvoir quasi absolu, en renvoyant un très grand nombre de décisions à ses ministres et au Parlement, au grand dam de ses propres collaborateurs.

Cependant, il commettra bien des excès, totalement inacceptables, comme les écoutes téléphoniques, ou le *Rainbow Warrior*, dont je parle longuement dans *Verbatim*.

Les autres – ministres, conseillers, hauts fonctionnaires – ne s'attardent pas ; en particulier autour de lui, à l'Élysée : à mon grand étonnement, le rêve de tous ceux qui y travaillent est d'en partir le plus vite possible, pour devenir parlementaire ou ministre. Illusion : très vite, ils n'ont plus été que d'anciens ministres ou d'anciens parlementaires. Et comme ministres, ils n'ont, en général, que géré au mieux les enjeux de l'instant, sans presque jamais s'inscrire vraiment dans la durée : il était alors très rare (et aujourd'hui plus encore) qu'un ministre ait le temps de concevoir une réforme importante, de la mettre en œuvre et d'y attacher son nom.

Pendant ces cinq premières années de la présence de la gauche au pouvoir, presque aucun ministre n'a d'ailleurs attaché son nom à une réforme qui lui soit propre ; même ceux qui en ont mené certaines à bien magnifiquement (tels Robert Badinter avec l'abolition de la peine de mort et la dépénalisation de l'homosexualité, Jack Lang avec les grands travaux, le prix unique du livre et les commandes publiques, Jean Auroux avec les grandes lois sociales – la retraite à soixante ans, la semaine de travail de trente-neuf heures, et non trente-cinq comme on le dit trop souvent –, ou encore Roger Quilliot avec sa loi sur le logement) reconnaissent qu'en réalité ils n'ont été que les exécutants de celui qui avait créé les conditions nécessaires pour que leurs actions puissent aboutir. Et qui, quotidiennement, supervisa leur action pour en écarter tous les obstacles.

Depuis, plus rien de tel : selon moi, la puissance présidentielle s'interrompt définitivement en 1986, lors de la première cohabitation. Ou même, j'y reviendrai, dès 1984. Plus encore : depuis, aucun président élu pour cinq ans n'a réussi à rester en fonction au-delà d'un seul mandat. Désormais, même le président est de passage.

Les nominations

De tout temps dans l'histoire humaine, le principal pouvoir est celui de décider de la vie et de la mort des autres. Dans un régime arbitraire, le pouvoir politique peut encore décider de la mort d'un de ses sujets. En démocratie, il en reste une trace : le droit de grâce, qui ne se limite pas à la commutation d'une peine capitale. Le reste appartient à la justice.

En démocratie, le pouvoir politique est plus diffus : un gouvernement ne décide plus de la vie des gens que d'une façon générale, par les lois, les règles sociales, les conditions de rémunération, de protection sociale, de logement et de transport, les normes, les mœurs autorisées. Il est aussi dans son pouvoir d'embaucher et de licencier des fonctionnaires.

Au sommet du pouvoir, on désigne ce privilège comme le pouvoir de « nommer » ; ce qui le rapproche, par ce mot même, de celui de l'Église, qui baptise, qui donne accès à l'éternité, en même temps qu'elle donne un nom. Les nominations de fonctionnaires aux postes les plus importants sont empreintes d'une grande solennité ; elles constituent une partie spécifique (dite B) de l'ordre du jour de chaque Conseil des ministres ; elles occupent aussi un temps considérable des conversations des ministres ; et des conversations entre le Président et le Premier ministre, lorsqu'il s'agit de choisir des ministres ; choix souvent faits à la va-vite, sans recherche de véritables compétences, conduits par la seule obsession d'un équilibre de genre, géographique, social, et de partis. Ainsi de tant de ministres, désignés dans la hâte d'un remaniement ; et même, pour certains, nommés sans avoir été prévenus, ou par une erreur de nom, ou de prénom.

Quelques exemples de nominations ministérielles de quasi-hasard :

D'abord, Robert Badinter, devenu garde des Sceaux, parce que celui qui avait été nommé à ce poste en mai 1981, le charmant Maurice Faure, m'avait confié, un mois à peine après sa nomination, que la charge était trop lourde pour lui, qu'il n'osait pas dire à son « ami François qu'il avait un poil dans la main » et qu'il voulait partir. Robert Badinter, qui avait déjà vu la présidence du Conseil constitutionnel, promise à Daniel Mayer, lui échapper, se retrouva donc par hasard garde des

Sceaux. Il excella plus qu'aucun autre à ce poste et obtint, notamment, ce qui n'était pas du tout acquis d'avance, le vote du Sénat en faveur de l'abolition de la peine de mort, un magnifique combat qu'il portait depuis des décennies.

Jacques Delors, qui ne devint ministre de l'Économie et des Finances qu'à la suite du décès accidentel d'André Boulloche, que tout désignait pour ce poste. Et bien d'autres nominations de hasard.

C'est aussi le moment de souligner que les quatre ministres communistes, nommés, eux, d'une façon parfaitement réfléchie en juin 1981 (Charles Fiterman, Jack Ralite, Marcel Rigout et Anicet Le Pors), dont tant de gens redoutaient la venue, se révélèrent parmi les meilleurs membres du gouvernement : modestes, compétents, loyaux, soucieux de faire réussir l'action commune, parfaitement préparés et assistés par un très discret conseiller d'État, le meilleur juriste en droit public de son temps, Guy Braibant.

Reformer : tout, tout de suite. Ou rien.

Du premier passage de la gauche au pouvoir, de 1981 à 1986, je retiens que ce qui n'est pas fait tout de suite ne l'est jamais : il faut mettre en œuvre ses promesses électorales dès l'arrivée au pouvoir, pour avoir le temps de les réaliser dans le détail et ne pas avoir à céder devant l'impopularité, qui ne peut que croître. Trop de dirigeants politiques, partout dans le monde, oublient ce principe.

De fait, les risques d'échouer dès nos premiers jours au pouvoir sont considérables ; et la probabilité est très faible de faire aboutir l'immense chantier des réformes promises. Certes, l'ensemble des textes législatifs et réglementaires a été préparé à l'avance par l'équipe de campagne, sous ma direction et celle de deux grands juristes, Jacques Fournier et Nicole Questiaux. Mais le moment n'est pas le mieux choisi pour entreprendre de si grandes réformes.

La situation économique du pays est catastrophique : un gigantesque déficit extérieur, une monnaie soutenue à bout de bras par les Allemands et les Hollandais, une inflation à deux chiffres, un chômage croissant, des entreprises et des banques au bord de l'insolvabilité, un pays en voie de désindustrialisation, des entrepreneurs paniqués, des épargnants en fuite, des syndicats aux aguets. Et presque plus de réserves de devises, en raison des fuites de capitaux entre le 10 et le 21 mai.

Au surplus, depuis 1973, tous les autres pays industrialisés ont décidé de répondre à la crise par une politique de rigueur, de baisse des coûts et du pouvoir d'achat ; et voilà que nous, en France, décidons d'être délibérément à contre-courant. Nous allons sortir de la tranchée quand la mitraille fait rage. Pour nous rassurer, nous nous accrochons aux prévisions de tous les instituts, qui annoncent une reprise prochaine de la croissance mondiale. Mais peut-on vraiment tout miser là-dessus ?

Conscient de ces dangers, et malgré bien des conseils venus de partout, François Mitterrand prend le parti de lancer toutes les réformes promises en même temps, dès juin 1981, à marche forcée. Pas seulement les réformes de structure, mais aussi la relance conjoncturelle.

Et là, il faut clairement les distinguer :

La plupart des réformes de structure conduites entre mai 1981 et mars 1983, si disputées à l'époque, ont été menées à leur terme et n'ont jamais été remises en cause ensuite : l'abolition de la peine de mort, le remboursement de l'IVG par la Sécurité sociale, la dépénalisation de l'homosexualité, la décentralisation, l'ouverture des ondes aux radios puis aux télévisions privées, la représentativité et les droits des salariés, le droit de retrait, la création des comités d'hygiène et de sécurité du travail, la possibilité de négocier dans l'entreprise sur les salaires, la durée et l'organisation du travail, le prix unique du livre, l'agrandissement du Louvre, le déménagement du ministère des Finances.

D'autres réformes de structure, qui seront ensuite remises en cause, sont aussi à mes yeux parfaitement justifiées : la retraite à soixante ans (les ouvriers n'ont alors que cinq ans d'espérance de vie au-delà de soixante-cinq ans) ; la nationalisation d'entreprises en très grande difficulté et sans actionnaires privés capables de les financer (sept grandes sociétés industrielles et trente-neuf banques et des prises de participations dans d'autres entreprises, dont Matra, Dassault Aviation, Usinor-Sacilor) ; enfin, l'impôt sur les grandes fortunes, à mon sens toujours d'actualité.

À côté de ces réformes de structure viennent des promesses électorales conjoncturelles, visant à rattraper des retards considérables dans les revenus des plus modestes ; ces promesses, débattues en détail depuis 1974, n'étaient pas aussi généreuses qu'on l'a prétendu : elles n'ont conduit à augmenter le pouvoir d'achat des prestations sociales que de 5 % en 1981 et 6,5 % en 1982 ; et les dépenses budgétaires n'ont augmenté que de 1,5 % du PIB, avec un déficit public de 2,6 % du PIB, soit l'un des plus bas des pays de l'OCDE à l'époque ! Ce n'était donc pas le déluge dont on a parlé ensuite.

En même temps, en octobre 1981, faute de devises et pour solder les héritages du septennat précédent, est décidée une première dévaluation ; celle qu'aurait dû édicter, dès 1979, le gouvernement de Raymond Barre.

Dès le début de 1982, cette politique permet de faire baisser légèrement l'inflation, qui passe de 13,4 % en 1981 à 11,8 % en 1982 ; le chômage se stabilise ; la croissance atteint même 2,5 % ; mais la croissance mondiale ne repart pas, ce qui conduit à importer beaucoup plus qu'on n'exporte. Et les devises continuent de filer…

Le sommet de Versailles : plan de table, rideau de scène et dévaluation

En juin 1982, devenu sherpa pour la France, une de mes responsabilités est d'organiser le sommet du G7 sous présidence française. Où ? Avec Ségolène Royal, qui m'assiste dans cette préparation, je propose d'en rester à une réunion intime des sept dirigeants, dans la maison de François Mitterrand à Latche, dans les Landes. Il impose Versailles. Quand je m'inquiète de l'image que cela pourrait donner, il me répond : « À Versailles, la République est dans ses meubles. » Alors nous avons fait magnifiquement les choses.

Le sommet est une réussite médiatique fastueuse, mais en total décalage avec la situation du pays, comme avec la pauvreté des résultats obtenus au cours des négociations économiques et politiques que nous avons à y conduire, en pleine guerre au

Liban et au milieu d'affrontements sur les livraisons de gaz russe à l'Allemagne.

Pour moi, c'est aussi l'occasion de deux moments totalement surréalistes, restés secrets.

D'abord, pendant la première nuit du sommet, dans la chambre du Président au Grand Trianon, François Mitterrand m'a demandé de l'aider à établir l'invraisemblable plan de table du grand dîner des chefs d'État et des délégations prévu pour le lendemain dans la galerie des Glaces. Il voulait s'en occuper lui-même parce qu'il tenait à ce que Anne et Danielle y assistent l'une et l'autre, sans se croiser en arrivant ni se voir durant le dîner. J'imagine que dans les siècles passés, avec d'autres monarques, bien des situations du même genre ont dû se produire dans les mêmes lieux…

Ensuite, à la fin du sommet, un merveilleux spectacle de musique baroque devait être donné dans le théâtre du château, restauré pour l'occasion, et diffusé en direct à la télévision, devant tous les chefs d'État et de gouvernement, installés au premier rang du balcon. Quelques minutes avant qu'il ne commence, le régisseur vient me prévenir que le rideau de scène ne se lève pas. Je le souffle à l'oreille de François Mitterrand, assis entre Ronald Reagan et Margaret Thatcher, qui me répond, d'une voix glacée : « Allez donc l'annoncer vous-même sur la scène. » Je n'ai jamais marché aussi lentement d'un endroit à un autre. Juste à temps pour voir un technicien réussir à lever le rideau à la main…

Le lendemain, le sommet fini, les feux d'artifice tirés, retour à la réalité : nos interlocuteurs américains, anglais et allemands nous ont fait comprendre qu'il ne faut pas escompter qu'une relance mondiale vienne relayer la nôtre. Nous sommes à découvert ; sur les marchés, tout va très mal pour le franc. À ce moment-là, nous ne sommes que quatre à recevoir deux fois par jour la feuille de change de la Banque de France, qui indique le montant des sorties de devises et l'état de nos réserves, et je peux dire que je ne souhaite à personne de vivre cela.

Ainsi, dès le lendemain de ce sommet fastueux, une deuxième dévaluation s'impose, avec un blocage des prix.

Deux dévaluations qu'il faut négocier, d'une façon humiliante, avec les Allemands ; deux dévaluations qui auraient sans doute pu être évitées si le président précédent avait ajusté la parité comme il aurait dû le faire, et s'il avait instauré un contrôle des changes pendant la période de transition.

Mais ces deux dévaluations ne suffisent pourtant pas à stabiliser la situation, qui continue à empirer pendant le deuxième semestre 1982.

Le « tournant » de mars 1983 : un mensonge

Il est important de revenir en détail sur ce qui se joue au début de l'année 1983, car cela a installé jusqu'à aujourd'hui, dans le monde entier, l'idée qu'une gauche au pouvoir, dans n'importe quel pays, ne peut qu'échouer, se repentir de ses erreurs, puis revenir sur ses réformes. Par un « tournant ».

Pourtant, cette idée ne correspond à aucune réalité : en 1983, il n'y a pas eu de tournant.

Voyons les faits : en février 1983, comme attendu, la situation conjoncturelle se dégrade de plus en plus vite. La croissance mondiale attendue n'est pas venue ; le nombre de chômeurs dépasse les 2 millions ; les sorties de capitaux s'accélèrent ; nous n'avons pas, avec nos réserves, de quoi tenir la parité plus de quelques semaines. Il faut donc soit dévaluer une troisième fois, soit renoncer à soutenir la monnaie, « flotter », ce qui signifie sortir du système monétaire européen (qui maintient la parité relative des principales monnaies) et détruire les très fragiles acquis de la construction européenne.

Trois choix sont alors possibles :

Un tournant vers la droite, avec le retrait des réformes de structure et le retour à la situation antérieure ; en particulier, l'abandon des lois sociales, de la retraite à soixante ans et des nationalisations. Dans l'espoir que les marchés se calment et approuvent notre reddition.

Une continuité, sans remise en cause des réformes, en restant dans le système monétaire européen, avec une troisième dévaluation et un arrêt de la croissance des salaires et des prestations sociales. En espérant là aussi que ça marche.

Un tournant vers la gauche enfin, avec un maintien du rythme de croissance des salaires et des prestations sociales, une sortie du système monétaire européen et un flottement de la monnaie ; ce qui entraînerait la fin du soutien à notre monnaie par nos partenaires. Pour que cela ait une chance de réussir, il faudrait l'accompagner d'une fermeture des frontières, d'un contrôle des changes et d'une politique industrielle extrêmement dirigiste pour tenter de retrouver au plus vite des marges de manœuvre en devises.

Jacques Delors plaide pour un tournant vers la droite. Avec quelques autres, dont Pierre Mauroy, je plaide pour la deuxième solution : une troisième dévaluation et une maîtrise des dépenses sociales en ne renonçant à aucune réforme de structure. Pierre

Bérégovoy, Michel Rocard, Jean-Pierre Chevènement, Laurent Fabius, Jean Riboud, Claude Cheysson et quelques autres se déclarent favorables à un tournant vers la gauche ; François Mitterrand, furieux de constater que les deux humiliantes dévaluations de 1981 et 1982 n'ont pas suffi, leur donne raison.

Le 14 mars 1983, au lendemain d'élections municipales très largement perdues, on ne peut plus attendre. Il faut trancher. François Mitterrand convoque Pierre Mauroy, et lui demande de rester Premier ministre, mais, pour sortir du système monétaire européen, de fermer toutes les frontières, le temps de redévelopper la capacité exportatrice de l'industrie. Étrange choix : faire appliquer une politique par quelqu'un qui justement ne la soutient pas.

Pierre quitte le bureau du Président pour entrer dans le mien, s'assied devant moi, très abattu : il a refusé la proposition de François Mitterrand, qui lui a cependant demandé de réfléchir. Je suis abasourdi : François Mitterrand ne m'a pas prévenu de son choix, qu'il savait contraire au mien.

Au moins, nous nous rassurons : le Président n'a pas décidé de passer à l'acte ; il aurait pu, dans la minute, nommer un autre Premier ministre pour conduire cette politique ; et les candidats ne manquent pas. Il a au moins, semble-t-il, eu le courage de ne pas céder à ceux qui rêvent du poste. Quelques minutes plus tard, il m'appelle et m'annonce qu'il se donne quinze jours pour décider.

Les candidats au poste de Premier ministre font alors mon siège. Parfois sans pudeur. J'explique à chacun que nous n'avons pas les moyens de cette politique et, en particulier, pas assez de réserves de devises pour tenir. Mais pas question de leur dévoiler le montant de ce que nous avons en caisse : cela serait courir le risque que ce montant soit rendu public ; et là, nous serions morts. Je demande au directeur du Trésor d'alors, Michel Camdessus, de ne le révéler qu'à l'un d'entre eux, Laurent Fabius, qui change de camp et nous rejoint.

De jour en jour, je sens le Président hésiter davantage. Je lui organise un déjeuner avec les plus grands économistes français. Un déjeuner inénarrable, pendant lequel ils se disputent devant lui, ce qui lui confirme qu'il n'a rien à attendre de ces gens-là.

Ses questions avec nous restent les mêmes : doit-il construire le socialisme dans un seul pays ? Ou privilégier la construction européenne ? Il reste très tenté par le choix d'un projet national et socialiste, quitte à affronter toutes les forces du capitalisme : d'une certaine façon, cela ne lui aurait pas déplu de mourir comme Allende, les armes à la main. Mais l'Europe est aussi son idéal, au moins autant que le socialisme.

C'est avec cet argument que j'arrache (avec d'autres, sans doute) sa décision, au tout dernier moment, en un pluvieux dimanche après-midi, alors que nous étions restés tous les deux seuls à l'Élysée. Là, je l'entends me dire une phrase qui m'a particulièrement marqué : quand je lui explique une nouvelle fois les catastrophes qui nous attendent, s'il fait le choix de la sortie du système européen, il me répond : « Vous avez tort. La France est très riche. Elle s'en sort toujours. » Cela me révèle un état d'esprit très profond des Français : le sentiment d'être riches, inépuisablement riches. Et c'est justement cette sensation d'abondance, cette sérénité devant la catastrophe qui a empêché notre pays, à travers les siècles, et l'empêche encore, de faire les grands efforts auxquels ne consentent que les peuples conscients du risque de disparaître.

Plus tard, dans la soirée, je le raccompagne rue de Bièvre. En descendant de voiture, il me pose une dernière question : « Si nous n'étions pas déjà dans le système monétaire européen, donnez-moi de bonnes raisons d'y entrer. » C'est la bonne question.

Le lundi, en partance pour un sommet européen à Bruxelles, il se résigne à une troisième dévaluation et à un programme de coupes budgétaires et de blocage des salaires. Troisième essai. Réussira-t-il ?

Le mardi, de retour de Bruxelles, reste à choisir le Premier ministre. Il annonce à Pierre Mauroy que cela ne sera pas lui. Pierre vient à l'Élysée, sans amertume, lui apporter sa lettre de démission. Qui d'autre ? François Mitterrand hésite encore ; il organise un incroyable déjeuner des prétendants qui réunit Jacques Delors, Pierre Bérégovoy et Laurent Fabius. Le choix de Jacques Delors s'impose afin de rassurer les marchés après une troisième dévaluation. Le Président le garde après déjeuner pour le lui annoncer ; mais Jacques exige de rester aussi ministre des Finances. François Mitterrand ne peut pas l'accepter (« Je ne veux pas me mettre dans la main d'un seul homme », me dit-il). Étrange moment : François Mitterrand rappelle Pierre Mauroy, qui venait de lui apporter sa lettre de démission, pour le faire revenir ; et il me charge de dire à Jacques Delors qu'il ne sera finalement pas Premier ministre, mais qu'il faut absolument qu'il reste aux Finances. Je retourne dans mon bureau pour l'appeler. Le convaincre n'est pas facile.

Cet après-midi-là, les journalistes se pressent dans la cour, dans l'attente de cette nomination. Henry Kissinger, venu me rendre visite, ne doute pas que les journalistes sont là pour lui.

Cette troisième dévaluation réussit ; l'inflation redescend autour de 6 % dès 1985. Les entreprises nationalisées, enfin débarrassées de tous les contentieux de leurs anciens actionnaires, peuvent recommencer à investir. Même si les dépenses publiques sont désormais sévèrement contrôlées, le pouvoir d'achat de l'unité de consommation ne baisse pas (il ne commencera à baisser qu'après 1987) ; les écarts de revenus entre groupes sociaux ne se creusent pas non plus. En outre, aucune des réformes économiques, sociales, institutionnelles de 1981 et 1982 n'est remise en cause.

Il n'y a donc pas eu de « tournant ». Sinon que 1983 est le moment où la gauche, épuisée, cesse de concevoir des projets nouveaux. Elle a réalisé ses promesses de 1981, et en restera là.

Seulement voilà : la force des marchés est telle que, sans un effort continu pour les contrebalancer, tout s'aggrave pour les plus faibles. Et c'est ce qui arrivera.

Un peu plus tard, à la suite d'immenses manifestations, François Mitterrand réussira à écarter l'ultime réforme prévue dans son programme présidentiel, à laquelle il ne tenait pas du tout : par un extraordinaire tour de passe-passe constitutionnel (proposer un référendum pour modifier la constitution afin de permettre de décider de cette réforme par référendum), il enterre la nationalisation des écoles privées. Cela provoque le départ digne d'Alain Savary, ministre de l'Éducation, puis la démission de Pierre Mauroy, magnifique et loyal jusqu'au bout.

François Mitterrand aurait voulu garder Pierre Mauroy jusqu'à la fin de la législature. Devant sa démission, il essaie de mettre en orbite celui dont il espère faire un jour son successeur, Laurent Fabius. Dans les deux années qui suivent, il n'y aura plus, faute de temps, aucune réforme significative, sinon un programme de stages pour les jeunes dans les administrations.

La popularité du Président et de la gauche socialiste remonte. Heureusement, pas assez pour leur permettre de remporter les élections législatives de 1986 : les gagner aurait sûrement empêché la réélection de François Mitterrand en 1988. Mais cela, nous ne le savons pas.

Le choix européen : mettre tout ce qui est possible en commun

Ce choix européen, exprimé fortement en mars 1983, restera comme une grande constante de l'action de François Mitterrand.

Ce fut même un de nos premiers sujets de discorde : rien, dans ma jeunesse, ne me rattachait à l'Europe. Je n'avais aucune attirance pour l'Allemagne, où je n'étais jamais allé, et dont ma famille s'était toujours tenue très éloignée. Le projet européen, dont je connaissais quelques-uns des pères fondateurs, tel Pierre Uri, me semblait une vieille lune. J'étais beaucoup plus attiré par la Grande-Bretagne, les États-Unis et le reste du monde.

Dès 1974, François Mitterrand passe beaucoup de notre temps partagé à me vanter l'importance du projet européen, et la nécessité d'en finir avec tous les conflits avec l'Allemagne. Pour lui, seul le rapprochement entre la France et l'Allemagne permettra d'éviter le retour des démons nationalistes et des guerres ; aussi, aucun choix, aucune décision, aucune réforme ne doit nuire d'une quelconque manière au progrès de l'intégration européenne. Cela, ce n'est que dans l'exercice du pouvoir que je l'ai vraiment compris : la France a en effet besoin de l'alliance allemande. Une alliance équilibrée, intense, fusionnelle, entre deux nations d'une nature radicalement différente. Non seulement pour notre monnaie et pour leur défense ; mais aussi pour exister ensemble au monde.

En juin 1981, dans l'avion qui nous ramène de notre premier sommet européen, à Luxembourg, où nous avons tenté, en vain, de mettre pour la première fois sur la table un sujet alors tabou, l'Europe sociale, nous avons discuté de l'utilité de l'Europe. Après qu'il m'a expliqué de nouveau que ce serait le cœur de son action, que je devais m'en persuader et qu'il ferait passer cette idée, même si elle était impopulaire, avant bien d'autres, la conversation vient sur les qualités nécessaires d'un homme d'État. Je lui demande quelle en est pour lui la principale. Sans hésiter, il me dit : « J'aurais voulu vous répondre le courage, mais c'est l'indifférence. »

J'ai souvent repensé à cette phrase, en essayant de la faire mienne : pour agir, réfléchir, choisir un projet, il faut être sûr de soi et se moquer du reste.

Ainsi de la dynamique européenne : quand c'était possible, il fit toujours le choix de mutualiser autant de pouvoirs que possible entre Européens. Ainsi de la décision de 1983 et de toutes les tentatives que nous avons lancées ensuite et dont il en aura vu quelques-unes aboutir : Erasmus, Eureka, Schengen, l'euro, la brigade franco-allemande, qui occupèrent plus du tiers de son temps. Des tentatives qui trouvaient leur sens logique l'une après l'autre : l'abandon des droits de douane en Europe était illusoire si subsistaient des obstacles non tarifaires, c'est-à-dire des normes différentes selon les pays, d'où le Marché unique ; puis, comme le Marché unique ne protégeait pas des distorsions de concurrence provoquées par des dévaluations, il fallait une monnaie unique ; enfin, la monnaie unique ne tiendrait pas non plus si on n'allait pas au plus vite vers une politique commune d'aménagement du territoire pour compenser les différences de compétitivité entre les pays européens ; et pour financer cette politique, il faut un vrai budget européen, donc une fiscalité, donc un parlement européen puissant ; et donc, à terme, un État fédéral européen. Telle était sa feuille de route. Et il a tout fait pour la suivre, allant même jusqu'à ralentir autant qu'il pouvait l'élargissement de l'Union aux pays de l'Europe de l'Est, devinant qu'un élargissement prématuré freinerait le nécessaire approfondissement démocratique.

Ainsi du choix des hommes : il fut le seul dirigeant européen à envoyer comme commissaires quelques-uns de ses meilleurs ministres, sans craindre qu'ils lui fassent de l'ombre. Alors que la plupart des autres dirigeants européens n'envoyaient à Bruxelles que des médiocres, pour rester le seul Allemand, ou le seul Italien, ou le seul Anglais sur la scène internationale.

À ce propos, la nomination de Jacques Delors à Bruxelles mérite d'être racontée. En juin 1984, au sommet de Fontainebleau, sous présidence française, alors qu'il faut choisir un nouveau président de la Commission européenne et que le tour est venu d'y nommer un Allemand, François Mitterrand demande, dans un petit déjeuner dont je me souviens comme d'hier, au chancelier allemand le nom de son candidat. Helmut Kohl répond qu'il ne veut pas d'un Allemand autre que lui sur la scène européenne et qu'il serait ravi que ce soit un Français. Pris de court, François Mitterrand lance deux noms, en demandant à Kohl de choisir entre deux de ses ministres : Claude Cheysson et Jacques Delors. C'est ainsi que Jacques Delors devient président de la Commission européenne, où il fera merveille, sans jamais être en rivalité avec François Mitterrand. Ouvrant, par ricochet, la porte du ministère des Finances à celui qui en rêve depuis mai 1981 : Pierre Bérégovoy.

Enfin, si François Mitterrand se plaignait de l'inutilité de bien des réunions internationales, je ne l'ai jamais entendu maugréer contre la longueur des réunions et des dîners européens. En particulier, je l'ai vu consacrer plus qu'un plein-temps à la conduite des deux semestres de présidence française qu'il a eus à gérer. L'un, en 1984, où il réussit à résoudre en six mois quatorze contentieux, dont celui du chèque britannique, du lait avec l'Irlande et de l'entrée de l'Espagne et du Portugal. Et celui de 1989, qui vit naître, entre autres, ce qui allait devenir le traité de Maastricht, et la BERD que, à mon grand dam, j'allais devoir, à cause encore une fois de ses préférences pour l'Union européenne, partir diriger…

La maladie, le golf et le mensonge

De 1975 jusqu'à 1980, nous avions pris l'habitude de jouer au tennis une fois par semaine, le mardi à 11 heures, sur un court couvert de la rue Saint-Jacques. Une partie de double, avec Gilbert, un de ses fils, et Jean, un professeur de gymnastique, ami de la famille.

Un jour de novembre 1980, il tombe sur le court. Semblant souffrir terriblement. Il se récrie quand je lui propose d'appeler une ambulance. Il rentre rue de Bièvre et nous ne jouons plus au tennis.

En septembre 1981, ses douleurs se réveillent à la suite d'une longue séquence de déplacements : un voyage officiel au Mexique, suivi d'un sommet avec les pays du Sud à Cancún, puis d'un voyage au Caire pour les obsèques d'Anouar el-Sadate (que j'avais vu quelques jours à peine avant son assassinat, dans sa petite maison du barrage, sur le Nil. Je revenais de Jérusalem où j'avais rencontré

Menahem Begin, pour essayer d'aider à la consolidation de la fragile paix entre les deux pays. J'aurai été le dernier visiteur étranger de ce personnage rayonnant qu'était Anouar el-Sadate).

Au retour de ces deux voyages très fatigants au Mexique et en Égypte, François Mitterrand souffre tant que j'organise un rendez-vous avec le professeur Ady Steg, un urologue exceptionnel. Celui-ci me confiera, bien après la mort de François Mitterrand, qu'il avait vu, sur ses radios, les images d'un cancer extrêmement avancé. Et qu'il lui avait appris qu'il lui restait entre trois mois et trois ans à vivre.

Quelques jours plus tard, un soir de novembre 1981, François Mitterrand convoque dans son bureau André Rousselet, Pierre Bérégovoy et moi, et nous annonce : « Je vais mourir avant la fin de l'année. C'est très dur, après avoir fait tant d'efforts pour en arriver là. Ne dites rien à personne, mais prenez vos dispositions. » Livides et silencieux, nous sommes sortis de son bureau, pour rester un moment ensemble dans le mien. Quelles dispositions prendre ? Il n'y en avait aucune. Juste attendre. Et se taire. La tristesse ne nous quitte plus.

Un mois plus tard, il semble aller mieux. On recommence à se promener après le déjeuner. Quand on a peu de temps, cela se résume à quelques tours du parc de l'Élysée, alors un des plus tristes et des moins élégants de la République. Quand on a davantage de temps, on se promène dans Paris, presque toujours pour entrer chez un libraire ; en priorité les libraires anciens, dont il est un très grand client. Dans les rues, aucun policier ne nous suit de trop près et personne ne nous importune.

Quand, en février 1982, je constate qu'il semble ne plus souffrir, je lui propose de reprendre le tennis, ou un autre sport qu'il avait beaucoup pratiqué auparavant, le golf. Il approuve tout de suite le golf, et le lundi suivant, nous rejoignons André Rousselet et deux autres amis au golf de Saint-Cloud, pour une première partie. En voiture, je n'ose évidemment pas lui demander pourquoi il n'est pas mort. Je risque seulement : « Vous allez bien ? » Il me répond : « Oui, très bien, ces imbéciles de médecins se sont trompés. » Bien plus tard, Ady Steg me confirmera qu'il n'avait jamais vu un autre cas comme celui-là : une régression totale de la maladie, pourtant extrêmement avancée. Je n'en ai plus entendu parler ensuite, même si je voyais bien la rigueur de son régime alimentaire et, en voyage, ses conciliabules avec son médecin personnel, qui ne lâchait jamais une mystérieuse mallette…

Les Malouines et les marchands d'armes britanniques

Dans la nuit du vendredi 2 au samedi 3 avril 1982, tous les médias du monde annoncent qu'un incident apparemment dérisoire sur des îles perdues au large de l'Argentine, les Malouines, ou Falkland, devenues propriété britannique en 1833, dégénère en une véritable guerre. À Buenos Aires, les généraux au pouvoir décident de reconquérir ce minuscule archipel qu'ils réclament depuis toujours. Ils nous font savoir qu'ils demandent notre soutien au nom de la solidarité de la France avec les pays du tiers-monde, et de la décolonisation. Claude Cheysson appelle François Mitterrand pour lui recommander d'annoncer notre soutien aux Argentins, dès la réunion du lendemain au Conseil de sécurité des Nations unies, sous peine de perdre notre influence dans les deux tiers du monde.

François Mitterrand m'appelle et me demande de le rejoindre à l'Élysée, ce qui n'arrivait presque jamais le samedi. Il est furieux contre Cheysson. Il me raconte lui avoir dit : « Vous n'y comprenez rien. Vous n'étiez pas à Londres en 1943. » Il appelle madame Thatcher et me demande de servir d'interprète. Je l'entends encore : « Madame, mes ministres et mes diplomates me demandent de prendre parti dans ce conflit pour les Argentins, en raison de notre politique anticoloniale et du soutien que nous devons aux pays du Sud. Je ne le ferai pas. La France est toujours du côté de ses alliés quand leurs intérêts vitaux sont en cause. Oui, nous vous soutiendrons... c'est normal. Ah non, ne m'en demandez pas trop, je ne vais pas rompre les relations diplomatiques avec l'Argentine. » Il est aussi décidé que la France fera tout ce qu'elle peut pour ralentir la livraison des armes françaises commandées par les Argentins, malgré les obligations contractuelles. Des missiles redoutablement efficaces. À chacune de nos rencontres, dans les années qui suivirent, madame Thatcher me parlera de ce coup de téléphone, les larmes aux yeux.

Le 14 juin, les Anglais finissent par l'emporter.

Un peu plus tard, nous apprendrons, par les télégrammes de nos ambassadeurs au Moyen-Orient, que les marchands d'armes britanniques expliquent à leurs clients du Golfe qu'il vaut mieux acheter des armes britanniques parce que les Français ne sont pas fiables : quand on a vraiment besoin de leurs armes, ils ne les livrent pas…

Prendre des risques personnels

En septembre 1982, la France accepte, à la demande de l'ONU, de participer à une force de maintien de la paix au Liban, déjà déchiré par la guerre civile. Il y a là aussi des Américains, des Italiens, des Anglais, des Britanniques. Le contingent français est de 2 000 engagés et appelés volontaires ; ils installent un de leurs postes dans le quartier de Ramlet el-Baïda, dans un immeuble de huit étages qu'ils ont baptisé le « poste Drakkar ».

Dès son arrivée, cette force internationale est attaquée : dans les premiers jours, dix-huit soldats français, huit marines américains et un soldat italien sont tués.

La question du repli se pose déjà quand, le dimanche 23 octobre 1983, à 6 heures du matin, un attentat au camion piégé tue 241 soldats américains, et en blesse une centaine d'autres. Deux minutes plus tard, le poste Drakkar explose à son tour.

Cinquante-huit soldats français et une famille de six Libanais sont tués. Tragédie immense.

Dans la matinée, François Mitterrand convoque le ministre de la Défense, Charles Hernu, son chef d'état-major particulier, le général d'aviation Saulnier, et moi. Il est décidé que Charles Hernu s'envolera immédiatement pour Beyrouth.

Dans l'après-midi de ce dimanche, contre l'avis des services de sécurité, François Mitterrand décide d'y aller aussi, avec son chef d'état-major particulier. Pour essayer de minimiser les risques d'un attentat contre son avion (nous savions que des groupes terroristes à Beyrouth disposaient de missiles sol-air), personne à Paris ni à Beyrouth ne doit être informé de son voyage. Il est décidé que même les pilotes ne connaîtront pas sa destination avant le décollage.

Vers 11 heures du soir, juste avant son départ, je me retrouve seul avec lui dans son bureau. Il me confirme que personne n'est au courant, à part moi, de son départ. Pas même sa famille. Il me montre deux lettres non cachetées qu'il dépose dans un tiroir de son bureau ; il ne le ferme pas et me dit, avec le sourire, de ne les regarder que s'il ne revient pas. Il ne se montre ni fébrile ni anxieux. Je sens comme une jubilation dans son attitude : ne pas revenir, finir ainsi, ne lui aurait pas déplu. À plusieurs reprises, j'ai ressenti chez lui ce désir presque explicite de finir assassiné.

Nous mettons tous les deux en place les conditions de la suite : je ne dois rien dire à personne avant d'être averti par les pilotes de son atterrissage. Puis, prévenir Charles Hernu à Beyrouth, puis le Premier ministre, puis un seul journaliste, choisi par lui (Ivan Levaï, à Europe 1).

Dans la nuit, coup de fil de Pierre Mauroy, qui cherche à joindre François Mitterrand ; je refuse de lui dire où il est. À l'aube, comme convenu, je joins Charles Hernu à l'ambassade de France à Beyrouth. Mais comment le prévenir de l'arrivée du Président alors que nous sommes certainement écoutés ? J'improvise un code : « Morland arrive », en espérant que Charles Hernu se souviendra du pseudonyme de François Mitterrand pendant la Résistance. Il met un long moment à comprendre.

Le voyage se termine bien. François Mitterrand me confiera à son retour que le seul moment où il a été inquiet fut quand, au décollage de Beyrouth, son chef d'état-major particulier avait insisté pour prendre les commandes de l'avion…

Quelques jours plus tard, la décision est prise de lancer des représailles, en commun avec les Américains. Le camp de départ des terroristes soupçonnés d'être les auteurs des attentats a été repéré et il est prévu de le détruire par un raid aérien. Une heure avant le tir (alors que nous nous apprêtons à partir pour un sommet en Italie), je reçois un message codé, sur un télétype spécifique, de mon homologue américain, le conseiller de sécurité du Président. Il m'annonce que, finalement, le président Reagan a décidé que les avions américains ne participeront pas à l'opération. En route pour l'aéroport, François Mitterrand décide que nous irons quand même, seuls. Donc avec beaucoup plus de risques… D'autres présidents français, confrontés à la même situation et au même retrait américain de dernière minute, ne prendront pas la même décision. Les représailles se révéleront vaines : prévenus, les terroristes ont vidé leur camp.

Je ne pense pas avoir vécu de moments plus intenses que la cérémonie qui suivit, quelques jours plus tard, aux Invalides, quand sont égrenés les noms de tous les morts, devant leurs cercueils.

Mesurer la gravité des choix et des erreurs commises : entasser des centaines de jeunes gens dans un immeuble de huit étages à Beyrouth était plus qu'une énorme erreur : une faute.

Bien des mystères planent encore sur cette tragédie : il n'est même pas certain qu'il s'agissait d'un camion suicide, qu'on n'a d'ailleurs pas retrouvé. Il est possible que l'immeuble ait été miné avant même l'arrivée des soldats français. Aucune commission d'enquête n'a jamais rien établi…

L'indépendance à l'égard de l'allié américain

Parfois, les relations internationales prennent un tour très brutal. Et j'ai vécu plusieurs moments de ce genre, où la terre tremble sous ses pieds ; où les rapports de force deviennent primaires ; où les diplomates n'ont plus vraiment leur place ; où les caractères se révèlent. En général, ces moments ne font pas les titres. Ainsi de ce qui suit, resté secret très longtemps :

Au matin du 29 mai 1983, à Williamsburg en Virginie, lors d'une réunion très difficile d'un G7 sous présidence américaine, dans une très belle salle lambrissée de la bibliothèque de l'université de la ville, sont réunis les sept chefs d'État ou de gouvernement et leurs sherpas. Depuis 9 heures du matin, François Mitterrand refuse, seul, de signer un projet de déclaration commune qui aurait fait des armes nucléaires françaises une partie d'un total occidental, dont la réduction aurait été ensuite discutée par les seuls Américains avec les Soviétiques. Si on accepte cela, nul doute que les Américains compenseront la réduction de forces soviétiques par l'élimination des armes nucléaires françaises avant de toucher aux leurs. Pas question de l'accepter, malgré la subtilité de la rédaction du texte. Ce refus énerve prodigieusement les Américains, qui étaient tellement sûrs de notre accord qu'ils ont déjà convoqué une conférence de presse, en plein milieu du sommet, pour l'annoncer. Ronald Reagan est si furieux que, quand François Mitterrand explique calmement, vers midi, pour la troisième fois, la raison de son refus, je vois le président américain taper lourdement sur la table avant de jeter des dossiers à la tête de François Mitterrand, sans l'atteindre.

Une pause est décidée. Pour quelques minutes. François Mitterrand reste à sa place. Je m'approche du buffet, j'entends distinctement dans mon dos mon homologue américain, le nouveau conseiller spécial du président (j'en connaîtrai sept), Bill Clark, me murmurer dans un souffle : « Si vous ne cédez pas tout de suite, on vous retire l'accès à toutes nos technologies dont vous avez besoin pour faire fonctionner vos armes nucléaires. » J'ai su bien plus tard que cette menace n'était pas improvisée et qu'une réunion de crise, à la Maison-Blanche, avait décidé de cette manœuvre.

Je suis ahuri de ce que j'entends : une fois arrivé au pouvoir et informé des conditions de mise en œuvre de l'arme nucléaire (dans les limites de ce que j'avais à en savoir), les militaires m'avaient affirmé que l'arme nucléaire française était autonome, et ne dépendait en rien de technologies américaines.

Que faire ? Je sais que si je rapporte cette menace à François Mitterrand, il va immédiatement quitter la pièce. J'ai pourtant l'intuition que ce n'est qu'un bluff et je prends le parti de ne rien lui dire. La séance reprend. Une heure plus tard, les Américains cèdent et le texte final protège parfaitement notre indépendance : les Américains ne pourront pas nous forcer à renoncer à notre armement stratégique en échange d'une réduction de l'armement soviétique.

En sortant de cette réunion, je raconte à François Mitterrand la scène avec Clark et la décision que j'ai prise de ne pas lui en parler. Cela déclenche une de ses rares colères contre moi. Passagère, car il est surtout très préoccupé par la façon dont tout cela sera rapporté et commenté en France. Il me demande d'expliquer les subtilités du texte final à notre porte-parole, Michel Vauzelle, et à quelques membres importants du gouvernement restés à Paris. Dont les ministres communistes.

Prendre des notes, et ne pas s'y retrouver

Une de mes fonctions, dès mon entrée à l'Élysée, est d'assister à la plupart des entretiens de François Mitterrand avec ses visiteurs étrangers, à Paris comme à l'étranger, même pendant les repas ; sauf pendant ceux des sommets, où seuls les chefs de délégation sont présents. En général, j'y assiste seul, avec un homologue étranger et deux interprètes. Parfois s'y joint (ou me remplace) Hubert Védrine ; et y participent Pierre Morel ou Jean-Louis Bianco, Jean Musitelli, Régis Debray, Guy Penne, pour les questions africaines, et plus tard Élisabeth Guigou pour les questions européennes ; ou encore Erik Orsenna, que j'ai fait venir en mars 1983 pour remplacer Paul Guimard et Régis Debray. L'interprétation consécutive me laisse le temps de prendre des notes, dont je fais ensuite la lecture à tous les collaborateurs de l'Élysée concernés par la politique étrangère. Beaucoup de ces notes se retrouvent dans les trois tomes de *Verbatim*, sauf pour les conversations encore secrètes.

Ces notes, je les prends à la volée, avec mon écriture griffonnée, lisible cependant pour mon assistante d'alors. En tout cas jusqu'au 28 mai 1985, où, sur un bateau sur le lac de Constance, François Mitterrand et le chancelier allemand, Helmut Kohl, entament une discussion sur les mérites respectifs de la proposition américaine de se lancer dans une coopération militaire dans l'espace, et de la proposition française de lancer à la place le projet Eureka. La conversation vient sur les règles d'engagement de la force nucléaire française en cas d'invasion soviétique de notre voisin allemand et sur les conditions d'une éventuelle consultation des dirigeants allemands avant de tirer une arme nucléaire à proximité de leur territoire. Rien n'est plus secret que cette conversation.

Et pourtant, dans l'avion qui nous ramène à Paris, je me rends compte avec effroi que j'ai oublié mes notes sur le bateau, où se trouvent des journalistes. Jamais un voyage ne m'a paru plus long. À l'arrivée, un responsable du service de sécurité me souffle que mes notes ont été retrouvées par un de ses collègues juste avant que des journalistes ne mettent la main dessus.

Depuis, je prends ce genre de notes dans une langue et avec un alphabet que je peux seul déchiffrer. C'est sous cette forme qu'elles se trouvent aujourd'hui, avec le reste de mes archives et de celles des autres collaborateurs du Président, à la Bibliothèque nationale.

Préparer un grand discours

Un jour de 1976, François Mitterrand me fait venir dans son petit bureau à l'Assemblée nationale. Il est très occupé à corriger les minutes d'un procès-verbal d'une séance où il avait pris la parole. Comme il y passe un temps fou, je m'étonne : « Pourquoi passer tant de temps sur un texte que personne ne lira plus jamais ? — Ah non, cela reste dans les archives ; des historiens les liront ; il faut toujours faire très attention à ses écrits. Ils doivent être parfaits. »

Une fois président, je l'ai vu enchaîner quatre types de discours :

Les discours très techniques, pour telle ou telle cérémonie, qu'il débite sans même tenter de faire croire qu'il en est l'auteur.

Les discours improvisés lors d'une décoration, dont je reparlerai un peu plus loin.

Les grands meetings, qu'il adore, parfois devant des dizaines de milliers de personnes, sur la base de quelques notes, de conversations dans la voiture juste avant de monter à la tribune, et de formules qui viennent du plus profond de lui-même.

Enfin, les très grands discours internationaux, pour lesquels le rituel est immuable : d'abord, plusieurs semaines avant la date prévue, commence une rédaction sans lui, par les collaborateurs concernés. Quinze jours avant l'échéance, il reçoit le résultat de ce travail, qu'il ne regarde pas. La veille de l'événement, il le parcourt enfin, et le verdict tombe, toujours le même : « Tragiquement nul. » Alors, branle-bas de combat, et on y passe la nuit, avec lui et un ou plusieurs autres collaborateurs et ministres, dans son bureau ou ailleurs. Il a l'obsession de la logique, la hantise des répétitions, le souci absolu de la précision. Il écrit sur le texte imprimé d'une écriture très lisible, au stylo bleu ; la feuille repart immédiatement chez une de ses quatre assistantes, celle qui est de service cette nuit-là.

J'en retiendrai ici trois : celui devant la Knesset en 1982, celui devant le Bundestag en 1983 et celui à La Baule en 1990, devant des chefs d'État africains.

À ces discours majeurs, il faudrait sans doute ajouter celui dont on parle si souvent, dit le « discours de Cancún », qui… n'existe pas (Cancún fut en fait un sommet et pas l'occasion d'un discours) et qu'on confond avec un discours, largement écrit par Régis Debray, prononcé à Mexico le 20 octobre 1981, un peu avant Cancún, sur une place de la ville, où la municipalité avait tenté de rassembler quelques milliers de gens pour écouter le président français dire l'importance qu'il attachait à la démocratie en Amérique latine.

Pour le discours devant le Parlement israélien, la Knesset, le 4 mars 1982, le Président, Claude Cheysson et moi passons une nuit blanche dans la suite présidentielle de l'hôtel King David à Jérusalem pour aboutir à un texte équilibré, prenant à la fois parti pour une reconnaissance des droits nationaux des Palestiniens et pour un soutien de la France à la sécurité de l'État d'Israël. Magnifique discours. Moins émouvant cependant que celui qu'il improvisa le lendemain, lors d'un dîner d'État, où il ne parle que de l'amour de sa mère pour la Bible.

Pour le discours devant le Bundestag, le 20 janvier 1983, il doit affirmer l'appui de la France à la décision de l'OTAN de déployer en Allemagne des missiles américains en face des missiles soviétiques. C'est une décision si contestée par les Allemands qu'elle a provoqué la démission du socialiste Helmut Schmidt en octobre 1982 et son remplacement, après des élections, par le conservateur Helmut Kohl. Pour préparer ce discours, dont dépend largement le vote sur ce sujet du Parlement allemand, nous nous retrouvons la veille, après dîner, dans son bureau à Paris, avec Charles Hernu, alors encore ministre de la Défense, Pierre Morel (qui a travaillé sur la partie européenne du discours) et son chef d'état-major particulier, le général Saulnier. Mais la nuit ne nous suffit pas et il faut continuer le matin même dans l'avion, qui tourne au-dessus de Bonn aussi longtemps que nécessaire pour finir le discours, que Christiane Dufour doit encore retaper, accroupie dans les couloirs du Bundestag à l'ultime moment. Et le discours fait mouche : « Il faut que la guerre demeure impossible » et « que ceux qui y songeraient en soient dissuadés ».

Enfin, pour le discours de La Baule, le 20 juin 1990, lors d'un sommet franco-africain, alors que le vent de liberté soufflant en Europe de l'Est commence à toucher l'Afrique, même rituel. François Mitterrand finit par céder à diverses pressions, dont la mienne, et accepte d'évoquer la nécessaire évolution vers la démocratie des régimes africains, dont beaucoup de dirigeants sont ses amis personnels. Pour préparer le terrain, j'avais demandé quelques semaines plus tôt une note très explicite à Erik Orsenna, alors au cabinet de Roland Dumas, et je l'avais fait lire à François Mitterrand, qui l'avait annotée : « De bonnes choses, mais c'est aux Africains de décider de leur avenir. » Formule qu'il maintient dans son discours, refusant de conditionner l'aide financière à ces pays à leur transition vers la démocratie, au grand dam de plusieurs de ses ministres, dont Pierre Joxe et Jean-Pierre Chevènement.

La comédie des décorations

La mémoire est parfois un fardeau, quand on se souvient de choses qu'on aimerait oublier, inutiles, encombrantes ou insupportables. Et bien des gens meurent d'être submergés par des souvenirs douloureux qu'ils ne parviennent pas à tenir à distance, ou que des thérapies font resurgir. Il arrive aussi à tout le monde, dont moi (peut-être dans ce texte), d'être trompé par elle.

La mémoire, comme tout, peut être éduquée : on peut apprendre à apprendre et, en particulier, on peut apprendre à apprendre par cœur.

François Mitterrand, lui, considérait sa mémoire absolue comme un secret d'État ; à quelques intimes, il admettait être capable de faire défiler un jeu de cinquante-deux cartes et de se souvenir de leur ordre. De fait, il pouvait réciter la liste et les dates du règne de tous les rois et présidents de France. Très vite, j'ai constaté qu'une note, une conversation avec lui n'était jamais oubliée. Beaucoup de ses collaborateurs, ou ministres, ou interlocuteurs étrangers, en ont fait les frais.

Un mardi sur deux, en fin d'après-midi, il remettait la Légion d'honneur à une dizaine de personnes, et prononçait devant elles un discours approfondi et très personnalisé. Personne ne savait qu'une demi-heure avant il ne savait rien de beaucoup d'entre elles, et qu'il avait juste parcouru douze fiches dans son secrétariat, avant de descendre.

Les ego des petits et des grands

L'approche du pouvoir, à quelque niveau que ce soit, fournit bien des occasions de mesurer les mesquineries de gens dont on attendrait mieux : tout faire, même les pires bassesses et manœuvres, pour obtenir une décoration ; s'indigner ensuite qu'on puisse penser qu'on l'avait sollicitée et en vouloir à ceux qui vous l'ont obtenue ; se mettre en colère pour se voir attribuer un meilleur rang protocolaire dans un voyage officiel, au point de menacer de ne pas venir si l'ensemble des documents du voyage ne sont pas modifiés pour afficher un meilleur rang pour vous que pour tel autre ; intriguer pour être invité à un déjeuner avec le Président dans l'avion présidentiel : que de gens ai-je vus attendre avec angoisse l'arrivée de l'aide de camp, dans la cabine principale, pour désigner ceux qui auraient l'insigne honneur de partager, à l'avant, le repas du Président. Que de vanités ai-je observées, à la fin de ces repas, dans les yeux de ceux qui revenaient de ce tabernacle...

Tout cela existe depuis toujours ; Saint-Simon le décrit parfaitement bien ; cela existe encore (j'ai pu le vérifier très récemment). Je ne suis d'ailleurs pas certain d'avoir moi-même toujours su éviter ce genre de susceptibilités (sauf pour les décorations, qui m'ont toujours laissé indifférent). J'ai constaté aussi, sans en tirer de conclusions générales, que ce genre de préoccupations étaient, et sont encore, particulièrement masculines.

La première cohabitation : fixer la règle, à jamais

En mars 1986, les élections législatives, conduites à la proportionnelle, conduisent au pouvoir une majorité de droite, et quelques députés du Front national.

On a beaucoup reproché à François Mitterrand d'avoir fait adopter ce mode de scrutin pour faire élire des députés du Front national et empêcher la constitution d'un gouvernement de droite. Je peux témoigner de la violence de son indignation quand l'un des nôtres, en septembre 1985, au cours du déjeuner hebdomadaire qui réunit alors les plus fidèles, tous les mercredis après le Conseil des ministres, a suggéré qu'avoir des députés d'extrême droite pourrait affaiblir la droite. Cette réforme faisait partie des quelques-unes des 110 propositions de 1981, héritées du Programme commun, dont il ne voulait pas vraiment, comme la nationalisation de l'école privée (baptisée à tort « école libre »), qu'il fit tout, on l'a vu, pour faire échouer.

Et puis survint la cohabitation. Qu'allait-il rester du passage de la gauche au pouvoir ? La droite allait-elle détruire toutes nos réformes ? En particulier, restaurerait-elle la peine de mort ? Annulerait-elle la retraite à soixante ans, l'autorisation des radios libres, les lois sociales, la décentralisation ? Interromprait-elle, comme elle l'avait proclamé, le chantier du Grand Louvre ? François Mitterrand serait-il obligé de quitter l'Élysée au bout de quelques mois, sans laisser aucune trace dans l'histoire du pays ?

Étrange comme, en politique et dans d'autres dimensions de la vie, on ne voit pas, parfois, l'évidence : si, aujourd'hui, il est clair qu'une cohabitation conduit toujours le Premier ministre à perdre l'élection présidentielle suivante, personne à l'époque ne l'avait compris.

Ainsi, en 1978, ni Valéry Giscard d'Estaing (qui fit tout pour gagner les élections législatives), ni François Mitterrand (qui fit, lui aussi, tout pour les gagner), ne virent le piège : et pourtant, celui qui gagnait ces élections législatives perdrait la présidentielle suivante ; ce fut le cas de Valéry Giscard d'Estaing et, dans le cas inverse, cela l'aurait été aussi de François Mitterrand ; il suffit pour s'en convaincre d'imaginer l'état de l'opinion en 1981, si un gouvernement de gauche avait appliqué son programme à partir de 1978, depuis Matignon... Valéry Giscard d'Estaing aurait été triomphalement réélu en mai 1981.

En mars 1986, François Mitterrand l'a bien compris et en a conclu qu'il était essentiel de ne rien faire qui puisse laisser croire qu'il allait empêcher la droite d'appliquer intégralement son programme.

Au printemps 1986, au lendemain de la défaite honorable de la gauche, les amis politiques du Président espèrent le voir désigner un Premier ministre aimable. Au cours du déjeuner du mercredi qui suit la défaite, les uns citent Simone Veil, les autres Giscard d'Estaing, Chaban-Delmas, qui font discrètement savoir qu'ils sont disponibles. N'écoutant aucun de ces conseils, il nous annonce qu'il va nommer Jacques Chirac, et lui laisser pouvoir en tout, sauf en politique étrangère.

Chaque jour de ce printemps et de l'été 1986, nous établissons la doctrine de cette cohabitation, dont n'existe alors aucun précédent. Par exemple, qui participera au Conseil des ministres ? Il est décidé que le secrétaire général de l'Élysée et moi continuerons à y assister. Comment se répartir les rôles en politique étrangère et en défense ? Il est décidé de conserver la direction des délégations aux sommets internationaux, et je réussis en particulier à éviter d'avoir à partager le rôle de sherpa de la France aux divers sommets avec le conseiller diplomatique de Matignon, l'excellent François Bujon de l'Estang.

Ces règles furent appliquées lors des deux cohabitations suivantes ; et si d'autres situations de ce genre ont lieu (malgré la funeste réduction à cinq ans du mandat présidentiel, qui les rend presque impossibles), elles s'appliqueront.

La cohabitation devient alors un intense rapport de force. Jacques Chirac est persuadé qu'il parviendra à faire démissionner François Mitterrand et qu'il entrera à l'Élysée avant septembre. Un soir de l'été 1986, au plus fort d'un bras de fer constitutionnel sur la question de savoir si le président de la République est ou non tenu de signer des ordonnances, nous avons attendu, lui et moi, une longue partie de la nuit, dans son bureau : il joua alors sans déplaisir avec l'idée de voir débarquer l'armée, qui, sur ordre du Premier ministre, viendrait l'arrêter pour « forfaiture », ce dont Jacques Chirac l'avait accusé par téléphone, en début de soirée. Et puis, non, Jacques Chirac cède et François Mitterrand peut choisir les ordonnances qu'il accepte de signer, refusant en particulier celles qui portent sur la privatisation des entreprises nationalisées en 1945.

La droite, à notre grande surprise, ne revient sur aucune des grandes réformes institutionnelles, sociales et culturelles de la gauche ; sauf les nationalisations et l'impôt sur le capital.

Bien d'autres incidents occupent ces deux années. Je me souviens particulièrement de la première réunion à l'Élysée du Conseil de défense, où Jacques Chirac, entouré de son ministre de la Défense et de tous les généraux acquis à sa cause, veut faire décider le déploiement d'armes nucléaires tactiques dans des régiments de l'armée de terre, face à des armes soviétiques du même type, et à côté d'armes américaines équivalentes. François Mitterrand s'y montre très hostile, considérant la dissuasion nucléaire comme le recours ultime, et non une arme de bataille. Il est seul, dans cette pièce (avec son chef d'état-major et moi), à défendre ce point de vue. Et il l'emporte. Non seulement en imposant le principe, que Jacques Chirac refuse au début de la réunion, que cette décision ne peut être qu'une décision présidentielle, mais surtout par l'extraordinaire sophistication de son raisonnement, qui laisse sans réponse les généraux et les ministres certains de leur bon droit. J'ai rarement assisté en politique à un tel moment de domination intellectuelle pure.

Ces deux années voient bien d'autres affrontements : d'abord à propos de la loi sur les universités, qui provoque de grandes manifestations étudiantes, au cours desquelles meurt le jeune Malik Oussekine ; puis des attentats terroristes en nombre, qui conduisent, après une très vive tension, durant l'été 1987, entre le Président et le gouvernement, à la rupture des relations diplomatiques avec l'Iran, puis à l'interpellation d'un interprète iranien, Wahid Gordji, accusé de terrorisme, dont le dossier était vide malgré ce qu'en avait dit le gouvernement au Président ; cet Iranien fut expulsé, en novembre 1987, juste après son audition au Palais de Justice ; semble-t-il en échange de la libération de deux otages français, Roger Auque et Jean-Louis Normandin, retenus au Liban par des groupes pro-iraniens.

Je me souviens aussi des manœuvres d'arrière-garde incessantes pour ralentir, étouffer même, les travaux d'agrandissement du Louvre, où le ministre d'État, ministre des Finances, Édouard Balladur, était revenu s'installer, en grande pompe.

Enfin, entre les deux tours de l'élection présidentielle de 1988, la décision de Jacques Chirac de déclencher l'attaque de la grotte d'Ouvéa, en Nouvelle-Calédonie, afin d'obtenir le crédit de la libération d'otages, parmi lesquels des gendarmes, retenus par des indépendantistes dont la colère avait été alimentée par la politique ouvertement provocatrice du gouvernement français.

La réélection : un mandat sans projet

Pour moi, gouverner n'avait aucun intérêt sans un programme ambitieux à mettre en œuvre. Et je suis choqué par mes amis de droite, dont la seule ambition, une fois au pouvoir, est trop souvent de s'y maintenir, sans rien faire. À gauche, pendant les années de ma jeunesse, la construction d'un programme avait été le cœur de notre action. Nous en débattions, le modifiions, nous le chiffrions, nous en faisions des livres et des colloques. Certes, il y avait un homme pour le porter ; mais l'essentiel se trouvait dans le programme. Cela reste aujourd'hui encore, pour moi, le cœur de la politique.

À quoi sert d'avoir une tactique si on n'a pas de stratégie ? À quoi sert d'avoir une stratégie si on n'a pas de projet à réaliser, de raison d'être ? À quoi sert d'avoir un candidat, s'il n'est pas le porte-parole d'un projet ?

Aussi ai-je toujours été très hostile aux candidats sans programme, ou avec seulement des programmes prétextes, élaborés en fin de campagne, au gré des sondages et des incitations médiatiques.

Cette faiblesse finit par arriver à François Mitterrand. Après tant d'années passées à établir un projet et un programme, et tant d'autres à les faire aboutir (sauf les mesures dont il ne voulait pas), il cessa assez vite de s'intéresser à toute idée de programme.

Certes, en 1984, sentant furtivement la nécessité de relancer son action, il me demande, avant de changer de gouvernement, de rassembler des projets nouveaux puisés chez les meilleurs d'entre nous ; je suis cependant vite déçu de voir qu'il ne s'intéresse que de très loin à ce nouveau programme et qu'il ne fait rien pour que son nouveau gouvernement s'en saisisse. On peut le retrouver in extenso dans *Verbatim I*.

Car François Mitterrand a beaucoup changé : à partir de 1984, et plus encore de 1986, seules l'intéressent l'Europe et la politique étrangère. Et plus encore, quand il échoue en 1988 dans sa tentative d'imposer son successeur aux socialistes. Au cours d'un déjeuner dont je me souviens comme d'hier, alors qu'il propose que, après sa réélection, Laurent Fabius prenne la direction du parti et Pierre Mauroy la présidence de l'Assemblée nationale, il doit céder à la bronca de ses plus fidèles et se laisse imposer l'inverse.

Au début de 1988, sa décision d'être candidat pour la quatrième fois le confirme : il n'est plus motivé, en fait, que par le désir de ne pas laisser la France entre les mains de Jacques Chirac et de ses amis. De fait, pour les avoir vus gouverner pendant deux ans, frôlant sans cesse l'illégalité afin d'asseoir leur autorité, je comprends fort bien le souci de François Mitterrand de préserver la démocratie, en essayant de se faire réélire.

Sans doute aussi a-t-il le plus grand mal à s'imaginer vivre sa vie, si écartelée entre deux familles, hors de la protection et de la confidentialité que lui assure l'Élysée.

Au printemps 1988, quand s'annonce la campagne présidentielle, il ne fait, pour la première fois, pas le moindre effort pour se doter d'un programme présidentiel sérieux. Sa « Lettre aux Français », un très joli texte de 78 pages, n'est qu'un triste camouflage du vide, écrit en un week-end à Latche, pour l'essentiel avec des conseillers en communication. Les seuls passages de ce texte ayant du souffle portent sur le renforcement nécessaire de l'Europe et sur l'éducation. À part cela, que des idées générales, telle une vague approbation de la réduction à cinq ans du mandat présidentiel, tout en annonçant qu'il ne le proposerait pas : aucune envie d'écourter le sien.

Ce document ne m'est cher que parce qu'il me fit la surprise de dédicacer à mes deux enfants le numéro 000 de l'édition hors texte sur grand papier.

Et puis, il y eut la campagne, fort distante, et le débat, marqué surtout par les mensonges de Jacques Chirac, sur l'affaire d'Ouvéa et sur la gestion des otages.

Il choisit ensuite de nommer Michel Rocard comme Premier ministre, exactement comme il avait choisi Jacques Chirac : pour purger une hypothèque.

Et nous nous sommes retrouvés dans la même situation de cohabitation, où chacun observait l'autre : Michel Rocard était obsédé par l'idée de durer le plus longtemps possible, parce que ses conseillers en communication l'avaient convaincu qu'il ne pourrait devenir le candidat incontournable en 1995 qu'en restant au moins trois ans à Matignon ; alors que François Mitterrand guettait la première occasion de se débarrasser de lui.

Plus de projet, plus de programme, plus de raison d'être.

Je me vois encore, le soir des élections législatives qui suivirent, un mois après la présidentielle (et qui ne donnèrent, comme le souhaitait le Président, qu'une majorité très relative au Premier ministre), expliquant à des amis mon envie de partir, qu'aucun ne comprenait.

Le G7 à Paris et le premier G20

Et puis, cédant à l'intérêt d'un poste si privilégié, je décide de rester encore un peu. Parce qu'il faut organiser le bicentenaire de la Révolution française et le sommet du G7 à Paris, dont le sherpa français est le maître d'œuvre. Et j'ai très envie, contre l'avis de tous les ministres concernés, de l'Intérieur aux Affaires étrangères, de fusionner ces deux rendez-vous, pour en faire un très grand événement mondial, faisant valoir nos valeurs, promouvant les droits de l'homme, avec des décisions concrètes et des images fortes. Ce que nous avons fait.

Pour y parvenir, je commence par imposer, dans le communiqué du sommet précédent, à Toronto en juin 1988, que le prochain sommet, en France, commencera le 14 juillet 1989. Personne ne remarque que c'est le jour de la fête nationale française.

Toute cette année, entre l'élection de mai 1988 et le sommet de juillet 1989, est occupée pour l'essentiel par ce qui se joue en Europe, et en particulier à l'Est, où des manifestations commencent d'abord en Pologne. Et par des conversations avec le nouveau dirigeant soviétique, Mikhaïl Gorbatchev, dont le principal collaborateur me confie, début 1988, que, si des manifestations ont lieu dans un pays de l'Est, les troupes soviétiques ne tireront plus. J'en déduis que le système soviétique s'effondrera bientôt et j'annonce au principal collaborateur du chancelier Kohl, Horst Teltschick, que l'Allemagne sera bientôt réunifiée (il le racontera plus tard dans ses Mémoires).

De fait, ce n'est pas Ronald Reagan qui fit tomber l'URSS, mais bien Mikhaïl Gorbatchev lui-même, par son refus d'utiliser les armes contre les manifestants.

François Mitterrand ne suit plus que d'un œil distrait la politique intérieure ; sinon que, pendant notre partie de golf, devenue bi-hebdomadaire, il ne me parle du Premier ministre que comme de « votre ami Rocard ». Et pour ma part, je suis presque entièrement occupé par ce qui se joue à l'Est, par un grand projet que j'ai lancé au Bangladesh, par la préparation du sommet du G7 et par le suivi des travaux du Louvre et de l'Arche de la Défense, qui doivent, les uns et les autres, être achevés pour y fêter le 14 juillet 1989 et pour y organiser le sommet du G7. Et ils le seront.

Les travaux préparatoires du sommet et des festivités sont marqués d'une façon contradictoire par les manifestations joyeuses à Varsovie et par d'autres noyées dans le sang, place Tian'anmen à Pékin : le centre du pouvoir totalitaire bascule... Ce sont aussi des moments heureux : j'emmène en particulier mes collègues sherpas émerveillés visiter la vraie grotte de Lascaux. Je me sens tellement libre que, sans en référer à personne, je demande à un journaliste de *Libération*, François Camé, de faire partie de ma délégation et d'assister à toutes les réunions de sherpas, sauf les plus confidentielles, à condition de n'en rendre compte que bien après le sommet, ce qu'il fera parfaitement, à la grande colère des Américains.

Puis viennent les moments attendus.

Les fêtes du bicentenaire sont une réussite totale, grâce à Jack Lang, à Christian Dupavillon à Jean-Paul Goude et à Jean-Noël Jeanneney, qui ont pensé et préparé toutes les cérémonies et festivités de ce jour-là, avant que je n'en assume, avec Loïc Hennekinne, le secrétaire général du sommet, la coordination avec le sommet du G7, et avec le premier G20, que nous avons pris l'initiative d'imposer au G7. Je revois encore la nuit de répétition du défilé de Jean-Paul Goude sur l'aérodrome de Villacoublay. Tout cela était si joyeux...

Nous avons trouvé en particulier un malin plaisir à glisser (au cours du défilé, sur les Champs-

Élysées, dans la soirée du 14 juillet, 6 000 artistes et d'innombrables chars de carnaval venant du monde entier) quelques chars venus d'URSS : comme l'avait prévu la droite en 1981, « des chars russes défileraient sur les Champs-Élysées ». Oui, mais des chars de carnaval.

Le lendemain, le sommet du G7 lui-même est aussi un grand succès, avec le lancement de programmes nouveaux très importants, en particulier concernant la lutte contre le blanchiment de l'argent, les premiers programmes écologiques, et la lutte contre les inondations au Bangladesh (un enjeu dont je me suis saisi l'année précédente). Nous avons même réussi, contre la volonté des autres chefs de gouvernement du G7, à imposer un déjeuner commun avec vingt-six autres présidents venus pour les fêtes du bicentenaire du Venezuela, du Sénégal, de l'Égypte, de l'Inde, des Philippines, de l'Uruguay. Première esquisse de ce qui deviendra le G20. L'image mondiale de la France s'en trouve tant grandie que le nombre de touristes qu'on reçoit dépasse ensuite durablement les 80 millions.

1989, c'est aussi et surtout pour moi l'année où j'ai publié (après plusieurs essais et biographies, pendant le premier septennat) le livre qui m'est le plus cher, *La Vie éternelle, roman*. J'en fais lire le manuscrit à François Mitterrand, et il passe de longs moments à m'en parler.

Sur la réunification allemande : un autre mythe

Là encore, un mythe s'est installé : François Mitterrand n'aurait pas vu venir la réunification allemande et y aurait été hostile.

Ce n'est pas le lieu ici de revenir en détail sur tout cela : toutes les conversations auxquelles j'ai assisté sur ces sujets se trouvent dans le tome 3 de *Verbatim*, et j'y consacre aussi un chapitre entier de *C'était François Mitterrand*. D'autres témoins, français et allemands, ont également rapporté leurs versions des événements. Puis des historiens s'en sont emparés ; leur travail est essentiel, au service de la vérité historique ; même s'il ne saurait remplacer les souvenirs des témoins.

Dès 1981, François Mitterrand pensait et disait en privé (à Hubert Védrine, à Helmut Schmidt, à Henry Kissinger, à moi et à bien d'autres) que l'Union soviétique était un empire moribond et qu'on assisterait à sa disparition avant la fin du siècle. Et qu'en conséquence la réunification allemande était inéluctable.

À partir de 1988, quand l'Histoire s'accélère, contrairement à Margaret Thatcher qui fait tout pour s'y opposer, et à George Bush, qui pense jusqu'au dernier moment que la réunification prendra encore au moins dix ans, François Mitterrand maintient, contre l'avis de beaucoup de ses ministres et collaborateurs, une attitude simple : la réunification aura lieu bientôt, mais c'est une affaire allemande et nous n'avons aucun rôle à y jouer. En revanche, si les Allemands veulent notre soutien, dont ils peuvent se passer, il faut qu'ils acceptent publiquement trois conditions, avant même la réunification : le maintien de la dénucléarisation de l'Allemagne, la reconnaissance de la frontière Oder-Neisse avec la Pologne, et une avancée vers une monnaie unique européenne. Après bien des réticences, le chancelier Kohl accepte ces trois conditions, qui seront actées dans les semaines qui suivront.

Pour mettre tout cela en musique commencera alors une négociation entre les quatre grandes puissances occupantes de 1945 et les deux Allemagne, dite « négociation 4 + 2 », menée du côté français par Bertrand Dufourcq, alors directeur des affaires politiques au Quai d'Orsay.

Pour éviter que les pays de l'Est ne viennent ralentir ce projet, et en particulier ne nuisent à l'élaboration de la monnaie unique, qu'il veut faire entériner au sommet européen de Strasbourg en décembre 1989, François Mitterrand lance un vaste projet de confédération européenne. Les pays de l'Est commencent par applaudir : ils ne sont pas du tout pressés d'entrer dans le Marché commun, qu'ils considèrent alors comme une bureaucratie aussi contraignante et inutile que le Comecon, dont ils espèrent sortir au plus vite. Mais les Anglais et les Américains, voyant là un moyen efficace pour affaiblir le projet européen, convainquent les pays d'Europe de l'Est qu'entrer dans ce qui va bientôt devenir l'Union européenne est aussi important pour eux que d'entrer dans l'OTAN, réussissant ainsi à geler le projet fédéral européen ; jusqu'à aujourd'hui.

C'est aussi à ce moment-là que je lance l'idée de la BERD, une institution financière européenne qui rassemblerait, avec des droits égaux, tous les pays des deux moitiés du continent, y compris l'URSS. J'en ai raconté ailleurs l'histoire. Après bien des péripéties, j'obtiens que la négociation pour sa création se passe à Paris, entre mars et mai 1990 ; l'accord de tous les pays signataires du traité de création est vite acquis ; il prévoit que le siège s'établira à Paris (j'en ai même trouvé l'immeuble) et que le premier président sera un Néerlandais. Mais quelqu'un persuade François Mitterrand que le Parlement européen quitterait Strasbourg si le siège de la BERD s'installait à Paris, ce qui est absurde parce que la BERD n'est pas une institution communautaire. François Mitterrand, fidèle à sa priorité donnée à l'Europe communautaire, refuse alors le siège de la BERD. Erreur historique : il ne comprend pas que l'installation d'une grande institution financière internationale à Paris est essentielle.

Pour marquer l'origine française de cette institution, j'ai dû aller à Londres la présider, en principe pour un an. J'y suis resté trois ans.

Ma colère contre lui

Après mon départ pour Londres, en 1991, un des plus anciens non-dits entre nous est devenu plus évident : depuis longtemps, je n'aimais pas sa façon de considérer les deux guerres mondiales comme équivalentes, comme aussi absurdes l'une que l'autre ; je n'aimais pas non plus son refus de demander pardon au nom de la France des crimes de la collaboration, et en particulier de la rafle du Vél' d'Hiv'. Mes objurgations en ce sens sont toujours restées sans réponse. Et quand j'ai compris, grâce à Pierre Péan, venu m'en parler à la demande de notre éditeur commun, Claude Durand, qu'il m'avait menti sur la durée de son passage à Vichy, je fus extrêmement fâché. Pourtant, malgré les pressions venues de partout, jamais je n'ai pris parti publiquement contre lui…

C'est aussi le moment où il refusa de reconnaître publiquement qu'il m'avait demandé d'écrire

Verbatim, dont je publiai le premier tome à sa demande, en juin 1993, et encore moins de dire qu'il en avait relu, la plume à la main, toutes les épreuves. Alors que j'en avais toutes les preuves écrites (ses corrections manuscrites sur les épreuves) et visuelles (on le voit corrigeant ces épreuves, face à moi, dans son bureau, sur les rushes d'une émission de la télévision belge). Il finit par le reconnaître en détail, dans une interview donnée à un journaliste du *Nouvel Observateur*. Mais plus personne ne s'y intéressait. Ainsi s'est écrit la légende. Ainsi s'est installée notre rupture. Tristement. Dans le non-dit. Qui n'enlevait rien à ma gratitude ni à mon admiration à son égard.

*

* *

Quelques rencontres, quelques portraits

Pendant toutes ces années, quelques femmes, quelques hommes, quelques souvenirs m'ont marqué plus que d'autres : Helmut Kohl, m'expliquant en 1985 que, pendant la guerre, la Suisse repoussait les Juifs allemands cherchant à traverser le lac de Constance ; le chancelier Kreisky, m'invitant à déjeuner en tête à tête dans la salle de négociation du congrès de Vienne ; Margaret Thatcher, pleurant en apprenant, pendant une réunion avec nous à Paris, en novembre 1990, que ses ministres l'ont trahie et qu'elle doit quitter Downing Street ; Ronald Reagan, racontant en 1982, entre la lecture de deux fiches, des blagues très drôles ; George Bush, expliquant encore, fin 1989, que la réunification allemande n'aurait pas lieu avant dix ans ; Iouri Andropov, en 1983, un des hommes les plus impressionnants que j'ai rencontrés, qui dessinait un avenir brutal et technocratique pour l'Union soviétique ; puis, après son décès foudroyant, en 1984, Konstantin Tchernenko, son successeur, vieillard cacochyme, porté à bout de bras par des assistants, et qui nous annonça, en lisant une longue liste d'armements nouveaux, l'imminence d'une guerre nucléaire totale ; Mikhaïl Gorbatchev, qui nous stupéfia à notre première rencontre, en mai 1985, juste après son coup d'État contre Romanov, en étant le premier dirigeant soviétique qui ne lisait pas des fiches, mais qui prenait des notes. Deng Xiaoping, qui jouait avec sa surdité pour prendre le temps de préparer sa réponse ; Yasser Arafat, me remerciant en 1989 de lui avoir sauvé la vie trois fois (en fait, seulement deux) ; Indira Gandhi, si triste, convaincue, comme son fils un peu plus tard, de mourir bientôt assassinée ; un futur président mexicain, Luis Colosio, assassiné en mars 1994, une heure après un rendez-vous avec moi, pendant que je dînais avec celui qui allait devoir lui succéder à l'improviste dans la campagne, et être élu, Ernesto Zedillo ; Fidel Castro, si heureux de parler avec moi des États-Unis qu'on y passa toute une nuit, rejoints jusqu'à l'aube par Gabriel García Márquez ; Nicolae Ceaușescu, au pouvoir illimité et terrifiant ; les dirigeants polonais et hongrois Imre Nagy, si pathétique, et Wojciech Jaruzelski, si dramatique, nous expliquant tous les deux à mots couverts qu'ils faisaient au mieux pour protéger leurs peuples des griffes soviétiques ; Olof Palme, si serein en 1982 ;

Helmut Schmidt, si sûr de lui en 1981, juste avant de perdre les élections ; Mário Soares, si courageux en 1975 ; Pierre Elliot Trudeau, si narcisse en 1982 ; Shimon Peres, si curieux de tout en 1983; l'empereur Hirohito, si jovial en 1982 ; Elizabeth d'Angleterre, si empathique et attentive, tout au long de ces années.

Et tant d'autres, bien plus importants à mes yeux, rencontrés longuement, ces années-là, plusieurs fois, et parfois devenus des amis très proches : Claude Lévi-Strauss, Emmanuel Levinas, Fernand Braudel, Yehudi Menuhin, Mstislav Rostropovitch, Samuel Pisar, Karl Kahane, Barbara, Coluche, Frédéric Dard, Michel Berger, Michel Jonasz, Michel Serres, Gabriel García Márquez, Claude Durand, Françoise Giroud, et tant d'autres encore.

Et tous les Français, élus, syndicalistes, enseignants, rencontrés lors d'innombrables séjours en province.

Et aussi d'autres, plus ou moins involontairement croisés : tels René Bousquet (dont je ne savais pas alors, qu'il était le principal responsable de la rafle du Vél' d'Hiv'), ou Hermann Abs (qui se vanta devant moi, en 1985, d'avoir encore une fois dîné avec Adolf Hitler en mars 1945)…

Aurions-nous pu agir différemment ?

Bien des erreurs ont été commises, avant et après les élections de 1981. Des erreurs politiques, des erreurs humaines, des erreurs morales.

S'il y a eu des erreurs dans les dépenses sociales des deux premières années, il faut les chercher avant l'élection, car François Mitterrand décida d'appliquer immédiatement la quasi-intégralité de son programme, et seulement son programme. Pour avoir tenté, entre 1974 et 1981, avec beaucoup d'autres, de maîtriser le coût de certaines de ces promesses, je ne pense pas qu'il eût été possible de faire accepter un programme moins dépensier (et j'ai montré d'ailleurs qu'il l'était, en réalité, beaucoup moins qu'on ne l'a dit). De plus, on ne saura jamais si une plus grande réduction de dépenses (qui nous aurait brouillés avec les syndicats et une large partie de la gauche) n'aurait pas empêché son élection. On ne sait pas non plus si un programme plus modéré aurait pu éviter trois dévaluations : la première, au moins, était l'inévitable conséquence du refus de l'administration précédente d'agir sérieusement, en particulier au moment de la transition. Enfin, je pense que ces dépenses sociales étaient justes, en particulier celles qui ont amélioré la situation alors dramatique de la plupart des personnes âgées et des salariés les plus pauvres. Il n'en reste pas moins qu'on aurait sûrement pu faire mieux, et que je porte ma part de responsabilité dans le résultat final.

Pour les nationalisations, là aussi, tout était joué avant mai 1981. Ne pas nationaliser les filiales eût été sans doute plus raisonnable. Et on l'a obtenu en partie, évitant d'aller aussi loin que le souhaitaient les communistes. Là encore, je ne sais si on aurait pu faire beaucoup mieux. En outre, j'ai expliqué plus haut pourquoi, dans les circonstances du moment, il n'y avait pas d'autres moyens de financer ces entreprises, pour lesquelles n'existait encore en France aucun marché financier privé capable de leur apporter les capitaux nécessaires.

La retraite à soixante ans n'était pas non plus, à l'époque, une erreur : les ouvriers n'avaient alors que cinq ans d'espérance de vie après soixante-cinq ans ; l'espérance de vie ayant depuis augmenté de dix ans, il serait aujourd'hui raisonnable de retarder cet âge, au-delà même des soixante-deux ans actuels.

Vu d'aujourd'hui, d'autres lacunes de ce programme de 1981 se révèlent bien plus graves : sans doute n'avons-nous pas fait assez pour les universités et les écoles, malgré des amorces de réformes souvent bienvenues. Nous n'avons pas non plus fait assez, fiscalement et socialement, pour réduire la fracture entre les classes sociales ; nous n'avons pas vu que commençait une profonde dégradation des conditions de la mobilité sociale et, en particulier, de l'accès des enfants des milieux populaires aux meilleures études supérieures. De même, sans doute n'avons-nous pas fait assez non plus pour les banlieues (même si le problème avait tout de suite été vu), pour les droits économiques et sociaux des femmes (même si Yvette Roudy fut une grande ministre), ni pour le droit des enfants, pour l'indépendance de la justice, pour la défense de la laïcité, pour l'amélioration des conditions de vie dans les DOM-TOM.

En politique étrangère, on peut regretter d'avoir tant tardé à faire valoir l'importance du respect des droits de l'homme partout dans le monde, en particulier en Afrique (ce que Jean-Pierre Cot, éphémère ministre délégué chargé de la Coopération et du Développement en 1981, essaya courageusement d'imposer, lors d'une incroyable réunion, où ce jeune professeur de droit donna, à Kinshasa, devant un François Mitterrand furieux, une leçon de libertés publiques à un des pires tyrans d'Afrique, Mobutu).

Plus encore, d'énormes abus de pouvoir ont été commis : des écoutes téléphoniques, des intimidations d'éditeurs, des abus de droit répétés. Enfin, François Mitterrand avait, en ses années présidentielles, une forme de vie très particulière, aux frais de la République, parfaitement tolérée à l'époque, et qui ne le serait plus du tout aujourd'hui.

Que restera-t-il de lui ?

À lire ce qui précède, j'espère qu'il en restera bien plus que cette caricature d'un homme de droite passé à la gauche pour la trahir, d'un opportuniste cynique, narcissique et irrespectueux de l'État de droit, ayant ruiné le pays par des dépenses sociales inconsidérées et des réformes vite oubliées ; bien plus aussi qu'une pyramide au Louvre, pensée comme un hommage à Anne Pingeot qui en est l'inspiratrice ; ou que la Grande Bibliothèque, projet avorté parce qu'elle aurait dû être la première bibliothèque numérique mondiale, et non pas quatre tours hideuses et inutiles. Bien plus que le seul président de la République à avoir exercé cette fonction pendant quatorze années – ce qu'il restera sans doute à jamais.

Il restera de lui surtout, j'espère, un immense amour pour la France, une grande passion pour le peuple de France, des réformes majeures indiscutées.

Répétons-le encore : s'il n'avait pas imposé la mise en œuvre, entre 1981 et 1983, de toutes ces réformes, la peine de mort existerait peut-être encore, les territoires n'auraient pas repris l'essentiel des pouvoirs dans bien des domaines, les médias audiovisuels seraient peut-être encore tous sous le contrôle du pouvoir politique, l'euro n'existerait pas, et la France, avec ses tragiques déficits, serait aujourd'hui dans une situation proche de celle de l'Argentine.

Plus encore, certains de ses comportements au pouvoir méritent de lui survivre :

L'importance de l'amitié. Rien, je l'ai dit, ne lui faisait rompre une amitié. Même avec les pires. Pour maintenir tous ces liens, il savait entretenir des routines, telle celle de la pêche annuelle au lac Chauveau avec le tonitruant Michel Charasse et des amis auvergnats ; et celle du week-end de la Pentecôte, trois jours chez Danielle, à Cluny, pendant lequel chaque minute obéissait à un rituel répété année après année pendant plus de vingt ans (la montée de la roche de Solutré, la visite du château de Milly [où avait séjourné Lamartine], le dîner saucisson-pâté dans une ferme isolée, le déjeuner dans la famille de son épouse Danielle, où on riait chaque année des mêmes blagues de Roger Hanin, que François Mitterrand ne se lassait pas d'entendre).

L'importance du maintien de la distance avec les fausses urgences : combien de fois l'ai-je vu, au milieu d'une conférence internationale tendue, ou dans l'attente d'un résultat électoral, ou au moment où il fallait prendre une décision cruciale, s'isoler pour lire les Mémoires d'un obscur diplomate du XIXe siècle, ou un roman nouveau dont on venait de lui parler ? Combien de fois l'ai-je vu refuser l'objurgation de ses conseillers en communication le pressant de finir à temps un discours, ou une réunion, pour qu'on en parle au journal télévisé du soir ?

L'obsession du long terme, qui ne se résume pas à son souci de laisser une trace dans l'Histoire ; elle l'a conduit à avoir une attention particulière à l'égard des jeunes. Elle devrait, aujourd'hui, conduire à reconvertir des pans entiers de l'économie (automobile, aviation, énergies fossiles, chimie, plastique, textile) pour donner la priorité à la prévention, à l'éducation, à la santé, à l'alimentation, à la culture, à la démocratie, à la justice sociale, à la politique des territoires et à l'écologie ; ce que je nomme désormais « l'économie de la vie ».

Que me reste-t-il de lui ?

Sans lui, aurais-je réussi à être moi ? À être à chaque instant fidèle aux exigences de l'adolescent que j'étais ? Comment en parler ici sans narcissisme ni impudeur ?

D'abord, il me manque : on ne peut avoir partagé tant d'années, et tant d'années intenses, avec quelqu'un sans qu'il vous manque. Il est même parfois présent dans mes rêves, dans des situations en général conflictuelles, où nous nous disputons, comme jamais nous ne l'avons fait dans la vie réelle. Il m'arrive de trouver, dans ces rêves, mon bureau occupé par un autre ; alors que je n'ai jamais eu, consciemment, cette crainte. Mais que vaut la conscience face à l'inconscient…

Ensuite, j'ai très souvent pensé à lui, à ce qu'il penserait de ce que j'ai fait après lui. Et même s'il a dit un jour, si gentiment, en réponse à un journaliste venu lui faire dire du mal de moi, que j'aurais « parfaitement réussi ma vie si je ne l'avais pas rencontré », je ne suis pas certain que ma vie aurait pu être, jusqu'à présent, aussi pleine et utile sans notre rencontre d'octobre 1973.

En outre, notre compagnonnage n'a pas remis en cause la trajectoire que je m'étais fixée bien avant notre rencontre. Depuis mon départ de l'Élysée, j'ai essayé de ne pas trop dévier de ce chemin : enseigner, écrire, comprendre le destin du monde, de toutes les façons possibles, et tenter librement d'être utile. Sans me mêler de politique politicienne.

Aurais-je pu rêver de faire plus ? Et autre chose ? Sans doute. Et je connais mieux que personne mes faiblesses et mes échecs.

Que reste-t-il de la politique ?

Cette histoire doit être prise avec la distance qu'imposent le temps et la conscience de ce qui était possible, ou souhaitable, à cette époque et qui ne l'est plus aujourd'hui.

D'abord, le monde est totalement différent de ce qu'il était alors : le réchauffement climatique et la pandémie ont fait prendre conscience que beaucoup d'enjeux sont désormais mondiaux. Le marché est infiniment plus prégnant, et même écrasant ; les grandes firmes sont incommensurablement plus puissantes ; la démocratie recule partout, sous les coups des régimes totalitaires, des réseaux sociaux et d'idéologies de plus en plus nauséabondes ; aucun pays ne domine plus le monde ; les États-Unis délaissent l'Europe et le Moyen-Orient pour se tourner vers l'Asie et surtout vers eux-mêmes ; l'Union soviétique a disparu ; la Chine s'impose à présent comme une superpuissance ; l'Afrique s'annonce comme la grande puissance à venir, avec l'Inde. L'Europe est plus vaste et plus unie qu'elle ne l'était il y a quarante ans, mais sans être encore une vraie puissance. Ni les droites ni les gauches ni les centres n'y ont reconstruit une vision du monde assez cohérente pour créer la conscience d'un projet démocratique européen enthousiasmant.

La France est un peu plus riche, un peu plus diverse qu'en 1981. Mais elle est aussi un peu moins laïque, un peu plus fragile socialement, un peu plus faible industriellement, un peu plus divisée culturellement ; une grande partie de ses classes moyennes est en voie de prolétarisation ; et la mobilité sociale y est plus faible qu'il y a quarante ans. Sa démocratie est très affaiblie. Les droits humains n'y sont pas mieux respectés. Les partis politiques, de gauche comme de droite, y sont en miettes.

L'État français n'a cessé d'abandonner une part croissante de ses pouvoirs au marché, à des autorités indépendantes, à l'Europe, aux territoires, ce qui le rend incapable de décider sur les grands sujets. Les talents qui, autrefois, se rêvaient hauts fonctionnaires, parlementaires ou ministres se veulent aujourd'hui, en sortant des mêmes grandes écoles, banquiers d'affaires ou chefs d'entreprise.

La fonction présidentielle elle-même n'a plus du tout la même importance qu'alors ; et même si le Président reste l'incarnation de la nation, la brièveté de son mandat et la quasi-impossibilité de sa réélection l'affaiblissent considérablement.

Les intellectuels, alors si écoutés quand ils tentaient de faire valoir des nuances et de faire prévaloir la raison, ne sont plus entendus que s'ils se prêtent au jeu des invectives. Aux dogmes alors moribonds (le collectivisme, le soviétisme, la classe ouvrière, le nationalisme) ont succédé d'autres fanatismes (la xénophobie, le catastrophisme, le wokisme). Nous assistons à la remise en cause de l'humanisme libéral et à l'urgence nouvelle de penser « à l'ombre de la guerre », comme le disait Raymond Aron. Enfin, l'émergence des réseaux sociaux a totalement transformé le rapport des citoyens avec les idéologues et avec la politique, obligeant à beaucoup plus de transparence, mais véhiculant à beaucoup plus grande vitesse rumeurs et mensonges.

Enfin, jamais l'extrême droite n'a été aussi puissante, aux portes du pouvoir. On ne peut pas, d'ailleurs, ne pas être frappé par le parallèle entre les péripéties politiques de la vie de François Mitterrand et de celle de Marine Le Pen, que pourtant tout oppose : François Mitterrand a été élu la troisième fois où il a été candidat ; et Marine Le Pen sera candidate pour la troisième fois en 2022. L'un et l'autre ont été ou sont vus comme des épouvantails inéligibles, en raison de leur extrémisme supposé. L'un et l'autre ont su créer les conditions d'un vaste consensus idéologique, bien au-delà de leur propre parti. L'un et l'autre ont su profiter du discrédit des autres partis et candidats… Sinon que, heureusement, François Mitterrand était d'une tout autre ampleur et profondeur personnelle que la présidente du Rassemblement national.

Que reste-t-il aujourd'hui de la gauche ?

La gauche française est en miettes. Elle ne pèse plus qu'un quart de l'électorat, alors que François Mitterrand avait l'habitude de dire qu'elle ne pouvait espérer arriver au pouvoir que si au moins 42 % des électeurs se reconnaissaient en elle. Elle se réduit à une juxtaposition de boutiques au service d'ambitions personnelles. Les valeurs qui la rassemblaient (les libertés publiques, la laïcité, l'égalité des chances, la protection sociale, le contrôle des marchés, la défense de la classe ouvrière et la redistribution des richesses) ne suffisent plus à l'unir. Sont apparues de nouvelles exigences et ses diverses fractions se déchirent sur le sens à donner à de nouveaux combats : l'identité plus que l'universalité, l'appartenance plus que la laïcité, la nature plus que l'industrie.

Pour que reviennent de jolis mois de mai, il faudra reconstruire la gauche. Pas une gauche

« plurielle », qui assumait déjà sa mortelle division, mais une gauche vraiment réunie autour d'un projet commun où se retrouveront les valeurs de la justice sociale, de l'écologie, des libertés, des droits des minorités, de la démocratie et de la laïcité.

C'est possible : il existe dans la société française, et en particulier dans la jeunesse, les mêmes capacités de révolte, les mêmes utopies, les mêmes exigences, les mêmes rébellions, les mêmes forces qu'en ce temps-là. Elles se cristalliseront et se coaliseront bientôt, pour faire naître un tel projet. Il tournera autour de ce que je nomme une économie de la vie au service d'une société positive. J'en reparlerai bientôt.

*

* *

Zénon, Sénèque, Épictète, Marc Aurèle recommandent, chacun à leur façon, de consacrer dix minutes chaque soir à passer en revue sa journée, à se demander si on a bien agi, si on a été utile, si on s'est amélioré sur tel ou tel point, si on a fait du tort à quelqu'un. Pour ma part, je n'ai pas réussi à le faire tous les jours. Je le fais très souvent. Et d'une façon très approfondie au moins une fois par an. C'est un exercice fort utile si on est vraiment honnête avec soi-même ; si on ose une autocritique exigeante. Je viens de tenter de le refaire ici pour vous.

Je vous invite à en faire autant. Cela vous aidera à vous trouver, à prendre conscience du temps qui passe, de la brièveté de la vie, de l'urgence d'aimer et d'être utile.

Si nous sommes assez nombreux à le faire régulièrement, sans nous mentir à nous-mêmes, alors, et alors seulement, il pourra y avoir d'autres jolis mois de mai.

Table

Du même auteur

Essais

Analyse économique de la vie politique, PUF, 1973, 2015.
Modèles politiques, PUF, 1974.
L'Anti-économique (avec Marc Guillaume), PUF, 1975, 2015.
La Parole et l'Outil, PUF, 1976.
Bruits. Économie politique de la musique, PUF, 1977 ; Fayard, 2000.
La Nouvelle Économie française, Flammarion, 1978.
L'Ordre cannibale. Histoire de la médecine, Grasset, 1979.
Les Trois Mondes, Fayard, 1981.
Histoires du temps, Fayard, 1982.
La Figure de Fraser, Fayard, 1984.
Au propre et au figuré. Histoire de la propriété, Fayard, 1988.
Lignes d'horizon, Fayard, 1990 ; Le Livre de poche, 2004.
1492, Fayard, 1991 ; Le Livre de poche, 2004.
Économie de l'Apocalypse, Fayard, 1994.
Chemins de sagesse. Traité du labyrinthe, Fayard, 1996 ; Le Livre de poche, 1998.
Fraternités. Une nouvelle utopie, Fayard, 1999 ; Le Livre de poche, 2002.
La Voie humaine, Fayard, 2000 ; Le Livre de poche, 2006.
Les Juifs, le Monde et l'Argent, Fayard, 2002 ; Le Livre de poche, 2007.
L'Homme nomade, Fayard, 2003.
Raison et Foi. Averroès, Maïmonide, Thomas d'Aquin, Bibliothèque nationale de France, 2004.
Une brève histoire de l'avenir, Fayard, 2006, 2009, 2015 ; Le Livre de poche, 2010, 2011.
La Crise, et après ?, Fayard, 2008 ; Le Livre de poche, 2009.

Le Sens des choses, avec Stéphanie Bonvicini et 32 auteurs, Robert Laffont, 2009, 2012 ; Le Livre de poche, 2010.

Survivre aux crises, Fayard, 2009 ; rééd. sous le titre *Sept leçons de vie*, Le Livre de poche, 2010.

Tous ruinés dans dix ans ?, Fayard, 2010 ; Le Livre de poche, 2011.

Demain, qui gouvernera le monde ?, Fayard, 2011 ; Pluriel, 2012.

Candidats, répondez ! Précis à l'usage des électeurs, Fayard, 2012.

La Consolation, avec Stéphanie Bonvicini et 18 auteurs, Naïve, 2012.

Avec nous, après nous… Apprivoiser l'avenir, avec Shimon Peres, Fayard-Baker Street, 2013.

Histoire de la modernité. Comment l'humanité pense son avenir, Robert Laffont, 2013 ; Flammarion, 2015.

Urgences françaises, Fayard, 2013 ; Pluriel, 2014.

Devenir soi, Fayard, 2014 ; Pluriel, 2018.

Peut-on prévoir l'avenir ?, Fayard, 2015 ; Pluriel, 2016.

100 jours pour que la France réussisse, Fayard, 2016.

Le Destin de l'Occident (avec Pierre-Henry Salfati), Fayard, 2016.

Vivement après-demain !, Fayard, 2016 ; Pluriel, 2016.

Histoires de la mer, Fayard, 2017 ; Pluriel, 2018.

Les Chemins de l'essentiel, Fayard, 2018 ; Pluriel, 2019.

Comment nous protéger des prochaines crises, Fayard, 2018.

Histoires de l'alimentation, Fayard, 2019 ; Pluriel, 2021.

L'Année des dupes. Alger, 1943, Fayard, 2019.

L'Économie de la vie, Fayard, 2020.

Histoires des médias. Des signaux de fumée aux réseaux sociaux, et après, Fayard, 2021.

Dictionnaires

Dictionnaire du XXIe siècle, Fayard, 1998 ; Le Livre de poche, 2000.

Dictionnaire amoureux du judaïsme, Plon/Fayard, 2009 ; rééd. sous le titre *Petit dictionnaire amoureux du judaïsme*, Pocket, 2014.

Romans

La Vie éternelle, Fayard, 1989 ; Le Livre de poche, 1990.
Le Premier Jour après moi, Fayard, 1990 ; Le Livre de poche, 2004.
Il viendra, Fayard, 1994 ; Le Livre de poche, 1995.
Au-delà de nulle part, Fayard, 1997 ; Le Livre de poche, 1999.
La Femme du menteur, Fayard, 1999 ; Le Livre de poche, 2001.
Nouv'Elles, Fayard, 2002 ; Le Livre de poche, 2004.
La Confrérie des Éveillés, Fayard, 2004 ; Le Livre de poche, 2008.
Notre vie, disent-ils, Fayard, 2014 ; Le Livre de poche, 2016.
Premier Arrêt après la mort, Fayard, 2017 ; Le Livre de poche, 2018.
Meurtres, en toute intelligence, Fayard, 2018.

Biographies

Siegmund Warburg, un homme d'influence, Fayard, 1985 ; Le Livre de poche, 1986.
Blaise Pascal ou le Génie français, Fayard, 2000 ; Le Livre de poche, 2010.
Karl Marx ou l'Esprit du monde, Fayard, 2005 ; Le Livre de poche, 2007.
Gândhî ou l'Éveil des humiliés, Fayard, 2007 ; Le Livre de poche, 2009.
Phares. 24 destins, Fayard, 2010 ; Le Livre de poche, 2012.
Les Penseurs du monde : Pascal, Marx, Gândhî, Robert Laffont, 2012.
Diderot ou le Bonheur de penser, Fayard, 2012 ; Pluriel, 2013.

Théâtre

Les Portes du Ciel, Fayard, 1999.
Du cristal à la fumée, Fayard, 2008.
Théâtre (réunissant *Les Portes du Ciel* et *Du Cristal à la fumée*, ainsi que *Il m'a demandé de l'attendre ici* et *Présents parallèles*), Fayard, 2016.

Contes pour enfants

Manuel, l'enfant-rêve (ill. par Philippe Druillet), Stock, 1995.

Mémoires

Verbatim I, Fayard, 1993 ; Le Livre de poche, 1998 ; Robert Laffont, 2011.
Europe(s), Fayard, 1994 ; Le Livre de poche, 2002.
Verbatim II, Fayard, 1995; Le Livre de poche, 1998 ; Robert Laffont, 2011.
Verbatim III, Fayard, 1995; Le Livre de poche, 1998 ; Robert Laffont, 2011.
C'était François Mitterrand, Fayard, 2005 ; Le Livre de poche, 2007 ; Fayard-*Le Nouvel Observateur*, 2012 ; Pluriel, 2016.
L'Intégrale des chroniques, volume I, L'Express éditions, 2011.
À tort et à raison. Entretiens avec Frédéric Taddei, Éditions de L'Observatoire, 2020.

Rapports

Pour un modèle européen d'enseignement supérieur, Stock, 1998.
L'Avenir du travail, Fayard-Institut Manpower, 2007.

300 décisions pour changer la France, rapport de la Commission pour la libération de la croissance française, XO-La Documentation française, 2008.

Paris et la Mer. La Seine est Capitale, Fayard, 2010.

Une ambition pour 10 ans, rapport de la Commission pour la libération de la croissance française, XO-La Documentation française, 2010.

Pour une économie positive, groupe de réflexion présidé par Jacques Attali, Fayard-La Documentation française, 2013.

Francophonie et francophilie, moteurs de croissance durable, rapport au Président de la République, La Documentation française, 2014.

Vers une révolution positive, groupe de réflexion présidé par Jacques Attali, Fayard, 2018.

Beaux livres

Mémoire de sabliers. Collections, mode d'emploi, Éditions de l'Amateur, 1997.

Amours. Histoires des relations entre les hommes et les femmes (avec Stéphanie Bonvicini), Fayard, 2007 ; Le Livre de poche, 2010.

Cet ouvrage a été imprimé en France par
CPI Brodard & Taupin
Avenue Rhin et Danube
72200 La Flèche (France)

pour le compte des Éditions Fayard
en avril 2021

Photocomposition Nord Compo à Villeneuve-d'Ascq

PAPIER À BASE DE
FIBRES CERTIFIÉES

Fayard s'engage pour
l'environnement en réduisant
l'empreinte carbone de ses livres.
Celle de cet exemplaire est de :
0,600 kg éq. CO_2
Rendez-vous sur
www.fayard-durable.fr

N° d'édition : 61-6649-9/01 - N° d'impression : 3043315